成才百分百
CHENGCAI BAIFENBAI

出彩中职生

"百分百"教育理念下的学生成才故事

梁泽洪◎主编

暨南大学出版社
JINAN UNIVERSITY PRESS

中国·广州

自序　职业教育，希望教育

——一个职业学校校长的心语

梁泽洪

夜深人静，我喜欢走上阳台，凭栏仰望，这时脑海中常常会思潮涌动。回顾近二十年的职教生涯，真是百般滋味在心头，当中有支持、有认同、有成功还有荣誉，但也有误解、指责和白眼。而我，了解职业教育，理解职业教育。我选择了职业教育，职业教育也选择了我，我充满了自豪感和使命感。怎样才能不负重托？我当披荆斩棘、砥砺前行。

职业教育虽不能把每一个学生都培养成精英，但是我们给每一个愿意读书的学生以希望，给每一个望子成龙、望女成凤的家长以希望，给我们的社会稳定、和谐发展以希望。总之，职业教育是充满希望的教育！

我曾经遇到一种偏见，认为职业学校是最低等的学校，我坚决反对！

我们的学校（佛山市顺德区陈登职业技术学校，以下简称“陈登职校”）是国家级重点中等职业学校，职校的校园清新优美，职校的校舍宽敞明亮，职校的设施先进齐全，职校学生的面孔青春动人，职校的教师更是来自名校的骄子……对职业学校存在偏见的人，一定是有太多的不了解，或者戴着有色眼镜看职业教育，因为他们只看到了职校生在踏入职校前的样子，就武断地否定这些青春少年的一生，这样的定义为时过早。

我曾经了解一种心态，就是送子女读职校只是当作托管，我坚决反对！

学生进了职业学校不会虚度，而是会得到全面发展。职业学校不是教人啃书、背书、考试、拿分数的地方，也许他们之前没有拿过让家长和老师满意的分数，但请相信，这些孩子是有天赋、有潜能的，只是他们一直以来处在一种他们不适应的教育模式下，难免成为学习的失败者！一旦他们走进职校，就会得到重新的融合、冶炼，成为一块可以铺路也可以搭桥，甚至可以制造成各种精美器件的好材料。正如职校生毕业之后，会成为企业不可或缺的销售精英、财务精英、技术能手，甚至成为优秀的企业家一样。

事实胜于雄辩。我们职业学校有无数优秀的毕业生，现在已经成为职场精英，有的自主创业开办了各类公司，他们不仅聘请了有熟练职业技能的职校毕业生，甚至聘请了大学毕业生、研究生。我为职校的学生感到骄傲，他们用事实证明，职校学生人人可以成才——百分百成才，他们也可以成为社会精英。

当然，我们不认为只有成为企业家才是成才，也不要求他们一出校门马上建功立业，成就让人瞩目的事业。我们坚守的“成才百分百”，首先是让百分百的学生自信会成才，然后百分百给他们机会去成才，百分百地支持他们成才！是千方百计让学生得到发展，不只是文化知识——在他们成才的路上，我们给予他们鼓励、认可、尊重、信任，让他们在职业学校里褪去青涩、洗去杂质；让他们具备法律意识、自律意识、沟通能力、文明礼仪、创新能力和团队合作精神；让他们日渐具备良好品德、宽容之心、谦虚之心和感恩之心；让他们渐渐明白人情事理，逐渐拥有成熟的思维模式、主流向上的价值观、积极包容的世界观、高远的人生理想，并为之矢志不移地奋斗！

有人说：办好一所职业学校，就少建一所监狱。我不敢苟同，我认为办好一所职业学校，就多一个人才的摇篮；教好一个职校生，就是播下一粒希望的种子；教好一个职校生，就会脱贫一个家庭。职业学校是一个进可攻、退可守的校园，职校的学生不仅就业有优势、创业有本领、升学门路多，终身教育也有基础，他们的平台更宽阔，选择的机会更多。谁说职业学校是低等学校？谁说职校学生是垃圾学生？请不要因为一点阴影就无视整片阳光，更不要歧视成千上万的职校学子及其家人。

职业教育得到本土企业甚至知名大企业的鼎力支持，我们的合作友谊已经被永恒地镌刻在学校荣誉墙上。俗话说“市场才是试金石”——这么多的明星企业都支持我们、支持职业教育，难道不是在雄辩地证明：职业教育，风景这边独好。

陈登职校开办十八年来，培养了近万名学子，如今他们已经遍布社会各行各业，自食其力、成家立业，并多有建树。这些成才的例子越来越多，他们的成才让人欣慰。放眼望我们的明星校友观瞻墙，不由让人感叹：职业学校，充满希望；职校学生，前途无量。

职业教育还有很长的路要走，但只要有路，我们就决不怕远！

前　言

教育是需要理想和信念的事业，“没有理想的教育就不可能具有追求卓越的精神，不可能在教育活动中洋溢激情、诗意和活力”。

2005 年，陈登职校在总结学校办学经验的基础上，创造性地提出了“成才百分百”的办学理念。

“成才百分百”理念是一种以所有学生的成长和发展为中心，强调办学效益的中职教育新理念。“百分百”理念坚持“以服务为宗旨”的办学指导思想，充分体现教育的服务功能，服务社会、服务学生——百分百服务；努力给每个学生提供均等的发展机会——百分百机会；激发每个学生成长的内在驱动力——百分百信心；采用有效的教育手段，培养学生个性特长，促进人人成功——百分百成功，实现全体学生的成才——百分百成才和百分百就业。

“职校生百分百是人才，职校生百分百能成才”，这是一个美好的“职教梦”，为了这个“梦”的实现，陈登职校在教育专著——《“百分百”中职教育新理念》的指导下，经过十年的理论和实践探索，更新职教理念、创新人才培养模式、革新评价体系，教育教学质量不断提高，形成良好的社会影响。

《出彩中职生——“百分百”教育理念下的学生成才故事》，是陈登职校全体教师在“成才百分百”教育理念的指引下，以人为本，重视学生的全面发展、尊重学生的个性特长，相信学生都能成才发展，促进学生百分百成才的典型个案汇编，是顺德区梁泽洪校长工作室课题成果之一。这些成才案例中，有立志学技能自主选择职校，经过职校学习进入社会后，事业成功或自主创业成才的学生；有在技能竞赛中取得突出成绩的技能尖子，或考入高职学院的学业优秀生；有具备专项特长（包括文学、艺术、体育等方面），并得到充分发展的学生；有文化课基础薄弱，但具备发展潜能，在职校学习后获得成功成才的学生；还有入校时思想行为有偏差，在接受职校的教育后得到明显转变，进入社会后能自立并取得事业成功的学生。他或是她，都在这本书中向我们展示了一个个中职生成长、成功和成才的故事。

在《出彩中职生——“百分百”教育理念下的学生成才故事》编辑过程中，梁泽洪校长负责总体策划，并撰写了自序，廉捷副校长组织具体实施，学校的教师提供了成才的个案，学校教研室主任姜绍辉老师在组织、协调和编辑工作等方面做了大量的协助工作，编委会马敬雄、袁荣昌、黄丽贤、皇秋明、姜绍辉、杜秋和葛文琳等老师对成才个案进行了仔细的遴选，罗志良、路彦星、赵文奎、彭娟、陈燕丽、郭凌斌、张凤莉和夏玉惠等老师参与了对成才案例的评选，罗志青、谢克容、陈洁红、邱礼佳、姚敏、夏玉惠、黄伟文、张凤莉、封蕾、麦玉兰、余斐斐和纪顺源等老师负责成才故事的文字修改和校对，在此对他们表示衷心的感谢！同时，感谢暨南大学出版社的支持！

由于笔者水平所限，书中尚有许多不足之处，诚望读者批评指正。

编　者

2015 年 10 月 16 日

目录
CONTENTS

特长学生成才篇

潜能学生成才篇

中考优生

成才篇

在职校中，有这样一群学子，他们中考成绩优秀，但并没有选择普通中学，而是选择就读职校。这些中考成绩优秀的学子，在职校勤奋学习，积极进取，奋发图强；毕业后，他们或是进入高职院校继续深造，或是直接走向工作岗位，或是自主创业，凭自己的能力与学识，不断实现人生的自我价值和职业理想，成就了出彩人生，树立了中职生良好的形象。

1 霸气班长成长记

葛文琳

前言：刘征世在毕业离校之际，给我写了一封情真意切的信。她在信中说："很庆幸当初选择了陈登职校，在这里我可以尽情施展自己的才华，或许在普通中学我根本不知道自己有如此的潜力。更幸运的是我走进了商英 101 班，遇到了你——亲爱的班主任，你用宽容的心包容我的任性和不成熟，你用睿智的头脑帮我分析问题、解决疑惑，你用微笑和拥抱鼓励我战胜挫折，你更是我的偶像，你追求完美的精神常常让我看到自身的不足，你勤奋敬业的态度让我学会了坚持、不放弃。我的职校生活过得很精彩、很充实、很开心！感谢有你！"

四年前，我担任了商英 101 班的班主任。当我拿起新生名单时，"刘征世"这个名字很快进入了我的视线，如此大气的名字，性别反而为"女"，好奇心驱使我在第一次师生见面时便留意到了她。这个女孩皮肤略黑、身材微胖、相貌普通，但眉宇间倒是有几分男孩子的霸气。

一、新官上任　信心受挫

开学之初，为了能尽快组建班干部队伍，我在班里做足了动员工作，但可惜的是没有人响应，我只能以女生班的学生比较含蓄、害羞为由来安慰自己。直到第三天放学后，刘征世到办公室找我说想试着做班长。聊天中我得知，她刚刚随父母从湖北老家来到乐从，本地话还听不太懂，而且之前也没做过班长。这让我有些担忧，但我又发现她的沟通能力比较强，思维也比较活跃，这在班里也算得上是人才了。于是，我拍着她的肩膀说："不用担心，还有我呢，你一定可以做得好！"

一个月很快就过去了，为了锻炼刘征世并帮她树立威信，我打算让她主持一次班会课，总结开学以来班里的情况并谈谈自己的看法。看她信心满满的样子，我决定放手让她自己准备。那次班会上，刘征世毫不怯场，一针见血地指出了班里存在的问题，包括上课有人讲话、趴睡等。教室里很安静，但讲台下的学生却渐渐从期待变成了抱怨，她似乎也感觉到了，匆匆说了几句后便回到了座位上。课后，我把她叫到了办公室。看着她一副失落的样子，我好好安慰了她一番并告诉她，责任在我没有事先辅导她，而她能够在讲台上大方流畅地表达自己的观点已经是很了不起的事了。不过，作为新上任的班长，应当先与同学们建立融洽的关系，而不应耍威风过度批评同学们。在我的开导下，她又重新鼓起了勇气，还表示要尽快学习广东话，跟同学们打成一片。

二、不舍放弃　重整旗鼓

有一天放学后，刘征世来找我，说要辞去班长一职，原因是她觉得同学们并不喜欢她，因为她听闻了一些同学对她的议论，她之前也高估了自己的能力。我听后笑了，反问她："如果我听到学生说我的坏话，我可以辞职不做了吗?"她无言以对。我慢慢开导她，让她明白：做事的激情很容易有，但要坚持却很难，因为会有困难和阻力。同时，要取得大家的信服，自己一定要有实力，而且要学着做一个宽容的人。

从那以后，刘征世开始改变自己，她跟同学们说话的语气变得和善了，脸上的笑容也多了。我时常提醒她要重视学业，职业学校的学习与普通中学有差异，尤其是商务英语专业技能的学习。后来她果然没有辜负我的期望，在第一学期的期中考试中，她的总分位居全班前三名，达到了预期的目标。大家也看到了她学习的成绩，向她请教问题的同学越来越多，她在耐心解答同学问题的同时，也拉近了与同学们的距离。

三、任劳任怨　全面提升

学校一年一度的运动会即将来临，我告诉刘征世体现班干部能力的时刻到了，要抓住机会好好锻炼和表现，她听后一脸兴奋。为了筹划运动会入场式，她查找了很多资料，并且组织召开了运动会班级筹备会。我当时观察了在场的每一个班干部，发现刘征世进步最明显，她能够耐心地听取同学的发言，与同学的交流也更加友好，即使有不同意见也能保持心平气和的态度。在接下来的入场式准备中，她更是亲力亲为——订制班服、吹气球等。我看得出，她是累在其中，也乐在其中。其他班干部在她的感染下，也积极主动地为班集体做贡献。

运动会中，刘征世带领几名同学组成了新闻稿件组，她们奋笔疾书，为班级最后赢得校运会"精神文明奖"立下了汗马功劳。之前我就从周记中发现刘征世的文笔不错，这次写新闻稿更是让我肯定了她有这方面的优势。我对她说："我建议你去学校文学社锻炼一下，别浪费了你这么好的文采。"没想到她的第一反应是担心参加文学社便无法兼顾班长职务，而且她之前就有过加入文学社的想法。我听后，既感动又好笑。我首先表扬了她超强的责任心和敬业感，同时告诉她，作为班主任，我希望看到一个更加全面发展的班长，而且这两件事并不冲突，时间都是挤出来的，办法也总会想出来的，这样还更能够锻炼她安排时间、平衡工作的能力。

刘征世如愿加入了学校"荆棘鸟"文学社，从此她的职校生活变得更加充实多彩。她笔耕不辍，除了经常在周记中向我吐露心声外，也会把自己平时写的一些小文章投稿到"荆棘鸟"校刊中，如果发表，她都会欣喜地拿着校刊来与我分享快乐。2011 年，她的文章《谁的青春没有沙》荣获"叶圣陶杯"全国中学生新作文大赛三等奖，同年她又获得了顺德区"三好学生"的荣誉称号。

四、日渐成熟　有口皆碑

商英 101 班入校以来的第一次运动会结束后，我决定召开班会好好地总结一下，当然班会还是由班长刘征世来主持。这次她在我的指导下，进行了充分的准备，从大量的照片和视频中筛选整理出一部分，制作了精美的 PPT 演示文稿。班会上，运动会中同学们付出的点点滴滴伴随着感人的照片、动人的背景音乐和振奋人心的视频一一展现出来，让大家都感受到了团结的力量和大家庭的温暖，掌声不断响起，这证明刘征世真正"Hold 住全场"了。

从那以后，商英 101 班在学校举办的每一次大型活动中都取得了非常好的成绩：班级文化建设第一名、红歌大合唱第一名、校园文化艺术节总分第一名等。这些荣誉的获得都离不开任劳任怨的班长刘征世。她与同学们也在活动的开展中相互理解、相互磨合，同学们真正认可了这个实力超凡，又一心为班级的好班长。

高二是学生在职校提升专业技能最关键的一年，我鼓励学生们抓住暑假的大好时机好好锻炼自己的专业能力。开学后，刘征世迫不及待地向我讲述她暑假期间在亲戚家的店面做家私销售的经历，包括遇到外国客人的尴尬遭遇。我想，这么好的教育案例应该和全班同学一起分享。于是，我让她好好准备一下再讲给同学们听。这一次依然是她一个人在讲台上说，台下依然鸦雀无声，这让我想起了她第一次主持班会时的狼狈景象。但这一次，同学们是被她绘声绘色的描述所吸引，比起老师的说教，真实的案例更能让学生们从心底里认识到英语口语和销售技巧的重要性。有学生在周记中写道，“班长可真是越来越有魅力了”。

的确，刘征世的口才和胆量与日俱增，她先后在升旗仪式上做主题发言，在学校奖教、奖学颁奖典礼上代表学生发言，在多次专家讲座中作为学生观众提问或回答问题，并参加学校的演讲比赛。她每一次的妙语连珠和大方淡定的表现，都给全校师生留下了深刻的印象。

人就是这么奇怪，类似于心理学里提到的“晕轮效应”——当你对某个人有好感后，便很难感觉到他缺点的存在，就好像有一种光环围绕着他。学生们对刘征世似乎就产生了“晕轮效应”：她不会讲广东话，反而使得我班学生坚持讲普通话的人越来越多，她语速过快被认为是脑子灵活，她有时出现的马虎大意也被笑称为“可爱”……刘征世似乎成了学生眼中无可挑剔的班长。当然，她也在班级管理的点点滴滴中学会了动脑筋做事情。学生遇到困难会先问她，学生之间有矛盾也会先找她，她就像个邻家大姐姐。学生们不再叫她的名字，而直呼其“班长”，这一叫就是三年，直到毕业后，大家依然习惯叫她“班长”。我想，这才是班长真正的“霸气”。

五、迈出校园　事业起步

高三下学期是学生的顶岗实习期，刘征世通过自己的努力，被聘为一家高档家私卖场的销售员。那段时间，我时常接到刘征世打来的电话，讲述她在工作中遇到的奇闻逸事，甚至还有同事间的钩心斗角。我有点替她担心，她却笑着说：“放心吧，班主任，有了职校三年的历练，这些风雨我都挡得过。只是工作压力有些大，觉得有些累，但是这样才能成长得更快嘛！”她的乐观和坚强甚至感染了我、教育了我，使我更加明确了工作的意义。

虽然刚开始时工作并不顺利，但刘征世还是咬牙挺住了，第三个月时她兴奋地打电话告诉我：“班主任，我要请你吃饭，吃好的哦，不用客气。”原来，她凭自身的专业能力签下了一张几十万的大单，老板奖励了她三千元。后来，刘征世还作为高三的优秀实习生代表在全校师生面前发了言，让大家看到了职校应届毕业生的风采。去年，我又接手了一个新班，为了让高一的学生们尽早确立目标，我特地邀请刘征世抽空回校给师弟师妹们做个经验介绍。毕业后大家工作都很繁忙，没想到她竟约上了好几个优秀的同学一起来了，不仅给我们带来了精彩的演说，还带来了好吃的小点心。这些都让我对她的处事之周到感到惊喜，也更证明了她这个“霸气”班长的号召力。

刘征世

去年年底，刘征世由于家里生意繁忙，缺乏人手，不得不辞掉家私卖场的工作，回到家里帮忙。正式辞职前，她打电话对我说："从刚到家具店被老板和店长批评得一无是处，到现在老板对我再三挽留，还提出加薪来劝我留下，我看到了自己的成长，也感受到了自身的价值，我更加有信心去面对今后的工作。"

目前，她正以老板的身份打理一家物流公司。在她的努力经营下，公司已经初具规模，我也祝愿她在事业上蒸蒸日上，生活幸福美满！

2 我的人生我做主

廉　捷

题记：生活当中，很多事情不由得我们选择。但人生是我们自己的，人生的方向掌握在自己手中。

2013 年 12 月 3 日，陈登职校报告厅举行了“陈登职业技术学校与乐从家具协会校企联盟签约暨校企战略合作论坛”活动。在嘉宾席上，有位年轻人特别引人注目——他曾就读于陈登职校，但那天他不是以校友的身份，而是以乐从家具协会副会长的身份应邀参加活动的。他就是 2003 届陈登职校高职二班的毕业生——佛山钻盈贸易有限公司董事长邓永昌。

选择就读职校——职校更适合我

在初中升高中时候，邓永昌面临着可以入读普通高中，也可以去体校和职校的多个选择。但他最终选择去陈登职校就读，所选专业是市场营销。有去普通高中读书的机会却自主选择就读职校，这样的选择无论是当时还是现在，都不是多数学生和家庭的做法。邓永昌之所以选择职校，是经过认真分析和考虑的。他觉得职校更注重实践性知识与技能教学，学习环境比普通高中更为自由和宽松，自己也更适合在职校这样的环境中学习与发展。事实证明，邓永昌做了一个对自己来说非常正确的选择。现在回想起来，他仍觉得读书时期最开心的时光是在陈登职校的三年。

职校这三年里，邓永昌担任过副班长、班长、团支书、体育委员等职务。这些经历，使得他充分发挥了自身的特长，也得到了很多的锻炼。老师委以重任，让他当班干部；同学们有事都喜欢找他帮忙和商量。这样一来，既增强了他的自信心，又催生了他希望证明自己能力、赢得别人信服的强烈欲望。环境塑造人，在帮助老师做事、帮助同学解决问题的过程中，邓永昌得到了锻炼，能力不断提升，并获得了很多成就感。而这种成就感让他更有信心发挥自己的潜能。三年的职校生活，邓永昌过得很愉快、很充实，他收获了来自老师与同学们的信任和友谊，在和谐、亲密的师生关系中，他的个性、特长得到了充分的发挥，能力得到了很好的锻炼和提升。陈登的职校学习岁月，留给他许多美好的回忆，成为他人生中最开心的读书时光。

一波三折的大学路——见识大城市的生活

邓永昌在职校读书的第三年，快速发展的经济社会形势对学历提出了更高的要求。在家人的建议下，同时也为了增强以后就业的竞争力，他进入了高职班，准备参加高职高考，希望考取高职院校继续学习。在升大班，他担任班长一职，十分积极且尽职。他性格开朗，做事积极勤快，很有集体荣誉感，人缘也很好，是班主任得力的左膀右臂。邓永昌和来自不同专业的同年级的50位同学共同度过了一年紧张而愉快的学习生活。但是，他的升大道路并不平坦。由于高考成绩不是很理想，邓永昌没能被报读的大学——顺德职院的第一专业录取，而是被调剂到了其他专业——制冷专业。拿到录取通知书的他很不开心，内心也踟蹰了。

邓永昌一直在乐从这个小镇学习、生活，他热爱自己的家乡，很喜欢小镇的恬静生活，但又对大城市的生活充满好奇和向往，很想"见识大城市的生活"。于是邓永昌放弃了顺德职院制冷专业，去了广州的一所私立高职学院。但是，这所学校没能留住邓永昌。学习半年后，邓永昌对学校的教学和管理有诸多不满意，感到难以达到深造的目的，便毅然退学，回到了家乡乐从，结束了短暂的大学校园生活，并应聘了一份工作，开始了职场生活。虽然没能在大学校园完成学业，但邓永昌没有放弃继续求学。工作以后，邓永昌报读了成人夜大，边工作边学习，两年后通过成人自学考试取得了大专学历。事物总是具有两面性。虽然在广州求学不成，但半年的读书经历使他见识和体验了大城市的生活，开阔了眼界，也学会了适应环境。

初入职场，学习销售——跟老总学到很多做生意的技巧

邓永昌的第一份工作是钢材销售员。2004年，他通过应聘，进入了乐从进发钢铁贸易公司。因为对行业认知不足，缺乏相关的行业知识和经验，邓永昌起初工作得并不顺利，连实习期的考核都不及格，销售业绩平平。好在老总看他为人实在、做事勤快，就留下了他，让他跟着自己做个帮手。这样一来，邓永昌就常常跟着老总出差，陪老总见客户。勤快的邓永昌，一边给老总跑前跑后，一边观察学习，特别是留心观察老板的沟通技巧，例如如何与客户谈生意。这让他增

长了很多见识，获得了很多学习老总生意经的机会。慢慢地，他觉得做生意也不是很难，关键就是要懂得与客户打交道，获得客户资源。那段实践经历对邓永昌后来从事销售工作，乃至创办公司，都有着深远的影响。一年半之后，邓永昌转去做了业务员，销售工作就立刻做得风生水起了。

创业之路——创业困难，特别是资金、心理方面

事物总是在不断变化着。邓永昌在做了一年钢材销售业务员后，遇上了公司改制。当时他做得顺手的销售工作不能再继续下去了，而他又不想去做公司的外派代表、门店负责人。这样，邓永昌选择了离开进发公司。

由于乐从浓厚的商贸氛围，再加上这几年积累的一些销售经验以及顺德人敢为人先的胆魄，邓永昌决心自己开公司。创业的艰难是可想而知的，首先面临的是资金问题。当时邓永昌手里只有 4 万元。他从亲朋好友处东挪西借，凑了 20 万元，于 2007 年创办了自己的公司，起名“钻盈贸易有限公司”，主营钢材销售。“创业困难，特别是资金、心理方面。”邓永昌后来回忆说。公司起步阶段，因为资金有限，邓永昌常常采用借鸡生蛋的办法，和朋友一起合伙来做生意。在市场经济背景下，贸易市场也总是在变化，做老板的要经常面对变化拿出对策。经过三年打拼，2010 年邓永昌又开了第二家公司，公司业务扩大到家具贸易行业。2013 年，第三家公司——天梯家具挂牌营业。创业七年，邓永昌深深体会到做老板的巨大心理压力。资金能否按时按数收回、货物会不会出问题、会不会被骗等等，都是他担心的问题。他也曾被别人欺骗，也遭遇过创业坎坷。但是，他没有灰心、没有放弃，坚持了下来。随着公司经营规模和业务的不断扩大，邓永昌也成了颇有实力的 80 后“小老板”。

加入中国共产党，做志愿者

随着事业的成功，邓永昌认识到要取得更大的发展，需要不断提升自我。他意识到“政治与经济息息相关”，于是这个“小老板”开始积极向党组织靠拢。他参加了入党学习培训，学习了很多党的知识和历史。入党培训让邓永昌对中国共产党的认识加深了，从而更坚定了他入党的决心。2013 年，他正式成为中国共产党的一员。每次党组织的活动，他都积极参与，是乐从家具协会党支部的一个活跃分子。

邓永昌不仅是一个积极上进的企业老板，也是一个很有社会责任感的青年。

从 2010 年起，他经常参加各种志愿者活动，并乐在其中。用他自己的话说就是："帮助别人自己很开心"，"捐钱是件很高兴的事情。"

当选家具协会副会长——争取更大的发展平台

入党、做志愿者、加入家具协会，这些让邓永昌认识了更多的人、结交了更多的朋友，也见识了不同人的不同做事风格。他的眼界更加开阔了，事业也不断发展进步，同时也获得了一些荣誉，如 2012 年度乐从家具协会杰出贡献奖、2013 年度乐从家具协会优秀会员等。

机会偏爱有准备的头脑，积极进取的人也总会获得更多的发展机会。2013 年，乐从家具协会换届改选，作为家具协会的理事，邓永昌积极报名参选。最后，他在众多实力雄厚的竞争者中脱颖而出，当选为新一届乐从家具协会的副会长。当选为副会长，是邓永昌事业的一个新起点。如今，刚刚步入而立之年的他，又拥有了一个新的发展平台。

乐从家具协会副会长、佛山钻盈贸易有限公司董事长邓永昌

十年弹指一挥间。邓永昌凭借自己的努力，从销售员成长为颇有成就的小老

板，成为行业里的佼佼者。读职校一样可以成才，可以在社会上有所作为。在职校里，邓永昌获得了成长和发展；走入社会，他取得了事业的成功，并成家立业。邓永昌是职校生成才的典型，他的成长与发展，是陈登职校“成才百分百”理念的实证。

每个人都有自己的个性和人生道路。“我的人生我做主”，邓永昌选择了自己的人生航道，用自信和努力不断地向前行驶，书写着一个职校生属于自己的精彩人生。

3 相得益彰的“两张”牌

林晓玲

前言：今年春节和以往一样，张富枝和张敏仪又双双来给我拜年，看着她们青春洋溢的脸庞，听着她们自信地谈起各自的事业，得知她们正在努力考取注册会计师，还有充满规划的人生，我不由地满心欢喜，大脑中闪现出2006年她俩刚来到会计061班的情景……

一、两个个性截然不同的女孩子踏进了我的班级

2006年，张富枝以全校第一名、比录取分数线高出一大截的分数进入了我们班，本可以轻松进入普通高中的她却选择了我校的会计专业，这在当时自然成为大家关注的焦点与谈资，而她的大气与骄傲也给我留下了深刻的印象。另一位张姓同学也引起了我的注意：充满灵气又乖巧的张敏仪。由于来自外地所以她没有参加本地中考，故而她的成绩没有可比性，但她大大的眼睛闪着智慧的光芒，说话柔柔的非常得体，我不由自主地喜欢上了这个女孩子。两位个性不同却同样非常优秀的女孩子同时走进了我的班级，让第一次带班的我由衷地欢喜，期待着“两张”能在陈登职校谱下她们人生最炫丽的乐章。

根据“两张”的个人情况与个性，我给她们安排了班干部职位。本来按以往的习惯，会让入学成绩第一名的同学担任班长，但在与张富枝的接触中，我发现她带着一点小骄傲，而且她一开始就摆明了来这里的目的是学习，不想参加任何活动。由于纠正她对中职生活的错误认识尚需时日，所以我尊重她的个人意愿，让她担任了学习委员。张敏仪虽充满灵气与正气，但作为外地生的她在班上尚欠缺号召力，而且个性乖巧的她也不适合担任正班长，因此我让她担任我班的副班长兼团支部书记。

二、灌输职业生涯意识，引导“两张”规划自己的职业生涯，进行一体化培养

新生入学教育时，我给她们充分讲解了会计专业，介绍了我校会计专业的特点与优势，让她们对自己所选的专业有个大概的了解。当时恰逢学校准备参加全国文明风采大赛，其中有项职业生涯比赛，我抓住这一契机，认真指导她们从会计专业出发来规划自己的职业生涯。我从考取会计从业资格证到初级会计师、中级会计师及注册会计师——会计从业人员可能经历的职业路径对她俩进行引导。张富枝底子比较好、理解能力强、文笔功力足，而张敏仪理解能力虽不及张富枝，但胜在勤快且虚心，两个人经过近二十次的修改，文章初稿终于基本完成，接下来就是要进行一些版面修饰。在这方面，张敏仪明显不如张富枝，张富枝对电脑接触得比较多，电脑操作对她来说就是小菜一碟，而张敏仪没怎么接触过电脑，此时的她看起来显得不够自信了。但张敏仪有自身的长处——为人比较细心，文章相对细腻，修改过程中出现的小差错较少，不像张富枝比较粗枝大叶，细节方面不够好。留意到两人的互补性，我心中萌发一个想法：若是两者互相吸取对方身上的优点，那将是多么优秀的两个小孩呀！我决定将两个人放在一起进行培养，让她们互补不足、相得益彰，成为我班的“两张”王牌。

接下来，我让“两张”利用下课和放学时间到我办公室共同修改职业生涯规划，张富枝帮张敏仪处理与修饰版面，而敏仪则帮富枝处理细节，进行一些修改，我则在旁辅导，时常提醒双方要学习对方的长处。在长达一个月的职业生涯规划设计中，两个人互相做伴，互相讨论与学习，富枝的粗心大意有了改进，而敏仪的电脑技术也有了长足进步。更重要的是，两人对会计人员的职业特点有了更进一步的了解，也在我的引导中开始重新认识与定位自己的职校生活，认识到在搞好学习的同时应多参与活动，多锻炼自己，提高自己的综合素质。经过两人的共同努力，张富枝的作品获全国一等奖，而张敏仪则获得全国二等奖，消息传来，早已成为好朋友的“两张”开心地笑了，也对未来的职校生活充满了信心。

三、利用好学校各种平台，让“两张”相互扶持，共放光彩

对于两个可爱的女孩，我倾尽所能地培养她们。我经常借助各种案例甚至讲述自己的经历，让学生明白能力是锻炼出来的。在三年的职校生活中，我不断鼓励“两张”去参加学校各种各样的比赛，让她们利用好学校搭建的这些平台，

不断提升自己的综合素质。这两位好朋友也不负所望，争取一切机会积极参加学校组织的各项文体活动和社会实践活动。她们曾参加过"校园小记者""校园辩论比赛""征文比赛""演讲比赛"等等。一开始，张敏仪流利的普通话与充满灵气的语言表达能力常常占据上风，凡是涉及演讲与表演的项目，敏仪的名次总会比富枝靠前；而涉及书面表达与构思项目时，总是富枝技高一筹。每次上台前，两人都在幕后花大量的时间进行讨论与排练，两个小伙伴既是对手更是好朋友。记得在"校园小记者"的比赛中，张敏仪有一个快板的才艺表演，当时没有快板，张富枝就帮她去佛山买并帮她修改快板表演的内容，让其更通俗、更有感染力；在"校园辩论比赛"中，张敏仪不断地对张富枝进行训练，纠正她的普通话发音及音调……在一次次的尝试中，两人都学到了彼此的优点。进入高二，富枝的普通话已非常标准，台风也得到不断改进；而敏仪的思路得到了开阔，想象力也丰富起来。两人的语言表达能力、心理素质都得到了很大的锻炼，增加了勇气和信心。更难能可贵的是，两人在班级管理方面，也成了我的得力助手，在一次次的班级活动与班会中，两个懵懂的少女体会到了管理班级的责任与乐趣，我们时常坐在一起讨论如何做好一次活动，如何为班级管理出谋划策。在校园大合唱中，张富枝全程进行创意构思，让本来单一的大合唱融合了演讲、领唱、二重唱、队形变化等因素，张敏仪则担起指挥和演讲的重任，细心的她精心设计的指挥手语让整个构思得以顺利实现，使我们班获得了大合唱第一名的好成绩。两人的组织能力也得到了同学的认可，在班上的威信也非常高，同学们都非常愿意服从她俩的管理，到高二时连班规都是她们在征询同学的意见后进行修改制定的。两人在学校的知名度也非常高，谁都知道会计061班有"两张"王牌。

四、引导两人向更高学府迈进

随着两人的不断进步，我渴望提供一个更大的舞给她们发挥，虽然按"两张"目前的状态，她俩职校毕业后找份好工作是不难的，但她们就仅止于此了吗？我希望通过我的引导让她们向更高的平台边进。在一个周末，我带着她俩和另外几个同学开始了广州大学之行，我带着她们参观了我的母校——暨南大学，走进华工与中大，还带她们去了广州美院，让她们感受大学校园浓浓的学术气息，给她们讲解大学的图书馆藏书之多、大学教授知识面之广、大学生活之丰富多彩等。从她们充满渴望与羡慕的眼神中，我知道我的目的达到了。高二分流，班上很多同学选择了升大，其中也包括了"两张"。最后，两人都以优异的成绩考上了理想的大学。两人虽在不同的大学，但仍旧相互鼓励、相互扶持，均以优异的成绩毕业。张富枝更是以惊人的毅力在大学里用三年的时间完成了大专学习、专升本的考试并修完本科所有的课程。后来从与她们的谈话中我得知：当年的大学之行让她们开阔了眼界，明白外面世界之大，也让她们对那些高等学府充满了期待，对自己的人生定位又提高了一个台阶。

尾记：今天，看着这对事业已小有成就的“姐妹花”，我盼望着明年春节“两张”再给我带来新的好消息……

4 爱出者爱返，福往者福来

——记顺德区星级优秀义工陈嘉俊

欧阳红梅

现年 19 岁的陈嘉俊是顺德区乐从镇人，毕业于佛山市顺德区陈登职业技术学校物流 111 班，曾担任学生会纪律部部长，现在是禅城区志愿者服务中心的核心义工。

陈嘉俊于 2011 年荣获“乐从镇优秀义工”称号；2013 年获得了“顺德区二星级义工”称号；2013 年被评为“乐从镇优秀共青团员”；2013 年 12 月获“乐从飞扬地带杰出成就义工奖”；2014 年获“文明双导最佳奉献奖”。

感念母恩——选择就读职校

陈嘉俊来自一个幸福的低保家庭，虽然物质不像有些家庭那么富足，但精神却很富有。母亲满满的爱与关怀，让他的童年和少年在幸福中度过，他不曾自卑过，并且日渐成长为一个阳光、正气、正能量满满的青年。初中毕业时，为了早日减轻母亲的负担，能上普高的他毅然选择了就读职校。高一入学后，在职校广阔的舞台上，他主动寻找机会，加入了义工部。在义工部工作时，他认识了很多朋友，沟通能力得到了提高。在义工部，每个星期都会有一些去探访孤独老人的义工活动，这些活动令他感受非常深刻，收获良多。

高一下学期，随着身边的同学都加入了学生会纪律部，陈嘉俊也不甘落后地加入了纪律部，从此翻开了人生的新篇章。

竞选部长——纪律部长的历练与成长

纪律部改变了陈嘉俊。他意识到仅有爱心，没有管理的智慧是做不好工作的。在我的引导下，他开始在工作中有意识地去锻炼自己的管理能力并进一步提升自己与人沟通的能力，同时也坚持做好我给他分派的“每一日一省”工作，反省自己在学习和工作中的不足。同时，我给他推荐管理和与人沟通方面的书籍。双管齐下，他的勤奋和爱动脑让他的管理能力和与人沟通能力得到了质的飞跃，也让他更关注管理方面的学习。在高二的时候，他得到了纪律部副部长李柳娟的支持，有机会去竞选纪律部部长。他保持着积极向上的心态与满满的自信，在工作中克服了重重困难，最后成功竞选上了陈登职校第 16 届纪律部部长。在担任纪律部长期间，他运用有效的管理方法，带领着纪律部在学校纪律管理和学生自我管理方面做出了很大的贡献。在即将出去实习的时候，他以自己有效的管理方法再次培训出几位优秀的部员和成绩卓越的干事与纪律部长。在这一年，他获得了“乐从镇优秀共青团员”的称号。

赠人玫瑰——志愿者，在付出中提升与成长

因为我个人比较喜欢参加公益活动，在班会上也举行了很多以义工、公益、爱心等为主题的班会。我注意到陈嘉俊同学每次都听得特别认真，很有共鸣，看得出这是一个很有爱心的孩子。通过课后聊天，我才知道陈嘉俊早就是一个志愿者了。我问他：为什么要去做志愿者？陈嘉俊说他决定做志愿者源于 2008 年的一次偶然机会。在那时，慈善会有个低保家庭慈善活动邀请他去参加，作为参与者的他得到了志愿者们的帮助。来自低保家庭的陈嘉俊，受到了社会上很多热心人士的帮助，从此他就下定决心——此生不仅要为自己活，更要尽自己的能力帮助更多需要帮助的人。就这样他报名加入了乐从志愿者的行列。陈嘉俊说在第一次参加志愿者活动的时候，他很胆怯，做事放不开，并且不敢跟其他的志愿者去沟通。“不过老师，听了你几次班会课，我觉得自己的选择是对的，我决心不仅要做一个志愿者，还要做一个好的志愿者！”“好！祝你成为一个好志愿者！”我鼓励他。

在职校读书，没有升学的压力，于是有了更多可以自由支配的时间，陈嘉俊每逢周末都会报名参加志愿者活动，让自己在活动中得到成长与提升。后来他发现，志愿者工作已经成为他生活中的一部分。2011 年，学校开始引入社工站，陈嘉俊毫不犹豫地报名成为社工站的义工。令他比较难忘的一次志愿者活动是去良教安置中心进行探访。这里面的学员都是一些流浪儿和身体有一些缺陷的少年，但是他们并没有放弃自己，而是通过自己的努力和社工老师们的教导，去完成和正常人一样的工作。这些孩子的上进打动了陈嘉俊，同时也让他更坚定了自己做志愿者的决心。2011 年陈嘉俊荣获了“乐从镇优秀义工”称号；2013 年获得了“顺德区二星级义工”称号；2013 年 12 月获得了“乐从飞扬地带杰出成就义工奖”。在 2011 年 12 月，陈嘉俊又加入了禅城区志愿者协会，参加文明导乘

和文明导游服务，并且在2014年获得了文明双导的最佳奉献奖。

迈出校园——走向美好的明天

梦想：助人自助，提升自我。

2014年夏天，陈嘉俊迈出校园，走上了工作岗位。在学校的三年时间里，他学到了做人的道理和与人沟通的技巧。他现在在佛山市禅城区公共交通管理有限公司的综合服务监督部门当公交监督员。这份工作与他的志愿者活动很相似。他还加入了禅城区志愿者协会，并且协会每周都会组织活动。在每个星期日下午，都会有文明导乘志愿活动，这个文明导乘活动主要是帮助乘客寻找公交路线、维持公交站台秩序等，而这些活动与他的工作内容基本上是一致的，可以将志愿者服务里面学到的东西运用到工作上来，二者相辅相成。

陈嘉俊

陈嘉俊有一个梦想：做一个助人自助，提升自我的社会工作者。虽然现在距离梦想还有一段距离，但是他已经在为梦想行动。在生活实践中，他不断提升自己的实践经验：就读成人大学晋升学历、工作之余参加党群先锋培训班。

俗话说：爱出者爱返，福往者福来。我坚信，陈嘉俊的未来一定不是梦！祝福他梦想成真！

5 “学霸”成长记

——一位学优生的职校成长路

夏玉惠

题记： 作为非会计专业的老师接手会计班的班主任工作，我内心诚惶诚恐：我的学生能否在我的带领下获得良好的专业发展，这是我最为担忧的。“没关系，只要学生成长了就好。”一位领导的话给我吃了颗定心丸，也让我经常思考：什么是成长？怎样才能让学生更好地成长？

学生姓名： 张晓梅

基本情况： 放弃就读普通中学的机会，入校中考成绩全校排名第一，被同学们称为“学霸”；以学习为中心，不善言谈。

我接手的班级是会计一班，按照学校分班的惯例，入校中考成绩的第一名（486 分）自然分入了一班。我对这个年级第一非常好奇，她究竟是怎样的一个学生？能否在我今后所带的这个班级中发挥正能量，甚至胜任一班之长的职务呢？她明明可以去上普通中学，可以考取名牌大学的，但她为什么会选择职业学校呢？带着这些好奇与疑问我见到了她：微胖的身形、黯淡的眼神、简洁朴素的衣着，似乎缺少了一些同龄女孩该有的阳光与活泼。

我只想学习优秀，什么班干部都不想做

在一个星期的军训中，张晓梅坚持训练，即便汗流浃背也未曾退缩，我默默地观察着她；但与此同时，我发现当按学号排队时，这位班级第一理应站在第一排，她却表现出一副愁眉不展、不情不愿的样子；她见到老师从不问好，甚至回避；当我去寝室与同学聊天时她也不参与。说实话，这样的“学霸”我并不看好，我当初对这位“学霸”寄予的希望变成了失望。

结束一周的军训生活后重返学校，真正的班级管理工作开始了。首先，我制定了“聆听、尊重、自律”的班级管理理念，并要求学生首先向“礼貌做人、用心做事、细心做账”这三个方向努力，并告知全班：做人、做事是我们衡量一个人的标准，而不仅仅是看一个人的学习成绩，希望每一个同学争取用更多的机

会锻炼自己。接下来要组建班干部队伍。在这件事情上，我给学生们自主选择的权利——由自己来选择能为班级做的工作和愿意担任哪个职位的班干部。张晓梅同学不出意料地写着："我只想好好学习，什么班干部都不想做。"可见，我前期的思想教育工作并没有在她身上见效，与那些成绩垫底但写着："我的成绩不好，我想把全部精力放在学习上，因此不想担任班干部，但是班级需要我的时候我会出力，比如运动会"的同学相比，她给我一种冷冰冰的感觉，我想这样冷漠、以自己为中心的学生，以后怎么能适应这个社会呢？

老师，你说捐多少

面对上级领导部门各项开支收紧的政策，学校不再给班级班费，可是面对大合唱、艺术节、运动会等各项活动开支，我们只得在老师带头捐款 50 元、其他同学自愿的原则下筹集一些班费。张晓梅捐款 5 元，作为学生这也无可厚非。

不久，学校奖教、奖学基金奖励我校新生中考成绩第一名 3 000 元，这项奖金给了张晓梅。3 000 元不是小数目，更何况是对一个学生。全办公室都在议论这件事情，要知道仅差几分的第二名的奖励只有 500 元。一位老师的一句话提醒了我：让她捐点班费。是啊！捐班费可以让晓梅在班级中树立榜样，发挥正能量，并倡导集体主义精神。

午饭后，我迫不及待地来到了张晓梅的宿舍，告诉了她这件事情，我本以为她会以往日愁眉不展的表情面对我，可她已经事先从同学那里得到了风声，当我再次告知她这个消息时她笑得合不拢嘴，这个表情是我近一个学期以来第一次看到。我调侃她一番之后随即提示：是否可以为班级捐点班费。可她却说："老师，这个钱我要拿回家给父母的，我弟弟妹妹还在上学。"我不放弃地说："捐钱不在乎多少，只在乎心意，哪怕 10 元钱，老师主要是想通过这件事情给我们班的同学树立一个学习的榜样呀！"晓梅愁眉不展的表情再一次浮现："老师，你说捐多少？""你自愿吧。"我答道。

回到办公室后我想：我让这样一个家庭有负担的同学捐款究竟对不对呢？也许在我的压力之下的捐款体现不出什么意义。于是，我在一个间隙找到了晓梅，再次询问了她的家庭情况，了解到该生父母在菜场做点小生意，收入微薄，并且还有弟妹在上学。我赞扬了她作为家中老大非常有担当，并对她不愿捐款表示理解，但还是希望她在职校可以大度一点，全方位发展自己，不能只靠学习这一条腿走路，因为这个社会需要更加多元化的人才。

"三好学生"落选给了她启示

一个学年就这样波澜不惊地过去了，班里的同学纷纷在文学社、街舞社、学生会、团委等各个部门崭露头角，并获得了学校的嘉奖，即便是没有才艺特长的同学也先后获得了"礼仪之星""沟通之星""助人为乐之星"等荣誉称号，晓梅同学除了被我评为"孝敬父母之星"以及学习成绩稳居班级前五之外，在其他方面并无突出表现。

到了学年末要评选"三好学生"的时候，我要求学生们在班级学习成绩前十名的人中选出各自心目中的五位"三好学生"，晓梅不出意外地落选了。

"三好学生的条件你都符合，为什么会落选?"我问。

"不知道。"

"是你与同学相处得不好吗?"

"不是。"

"你的学习成绩大家有目共睹，老师把班里唯一一个'读书之星'的名额给了你，表示对你学习的肯定。学习是学生的根本和本分，但不是唯一，进入社会更是如此，没人会回过头去看你的学习成绩，老师希望你在职校不但可以获得专业的技能，最重要的是获得个人的成长、能力的提升。接下来你来发挥一下你的特长，在早读中给咱们班带读英语吧。"

教育的革命绽放光彩

以往的早读，由于同学们经常会被不会读的英语单词卡住，所以读起来磕磕巴巴。晓梅上任后，她总能在前一晚的自习课上把第二天要读的英语盲点一扫而光，第二天再耐心地教大家读。从此，我们班的早读书声琅琅，不绝于耳。

有一次班里的同学晕倒了，我火急火燎赶到时是晓梅和班长在照顾这位同学；当我随救护车来到医院准备从车上背同学下来时，晓梅说："老师，你背不动，我来!"的确，身强体壮的她能担当这个力气活儿。

班长事务繁多，参与了学校的各项活动，当我问及"你不在班里怎么办"时，他回答，"有晓梅呢，她会替我做的"。的确，晓梅本就低调、老实，在班里颇有人缘，现在又多了一份担当与责任感，在班里做起这个机动班干部可谓游刃有余。

"老师，让您为我们操心了，谢谢您。祝您平安幸福。"这张简易的贺卡上写着晓梅娟秀的方块字，这简单的几句问候令我感动。

我们班的"学霸"终于开窍了，经过三年的悉心培养，她现在是名副其实的"学霸"了。

教育感悟：所谓成长包括学生专业的成长和个人思想的成长，二者是相辅相成的。但有些学生有失偏颇，仅以学习成绩来衡量个人得失，最后导致利己主义。我们不仅要重视学生的专业成长，更要重视学生的情感成长、自信心成长和能力提升，促进学生身心的全方位发展，打造"成才百分百"学生。

6 一骑绝尘，高考摘冠

——记2014年顺德区高职高考总分状元何婉梅

封　蕾

一、背景

何婉梅，女，2011—2014年就读于陈登职业技术学校，是一位好学上进、品学兼优的好学生。2014年参加佛山地区高职类高考，她以133分的成绩摘得语文单科第一的桂冠，同时，她还是顺德区的总分第一名。

二、案例

（一）情况分析

何婉梅

何婉梅同学高一、高二时就读于财会班，学习认真，有较好的学习习惯，在高二时就顺利取得会计证，之后她又报了升大。我们查阅了她升中时的成绩，算是比较好的。在升大班摸底考试中，她的成绩位居全校前十，在我班排第二，英语81分，数学71分，语文是最差的，只有67分，比最高分79分少了12分。可以说，她当时的语文成绩并不算突出。她第一次月考的语文成绩只有91分，而最高分是113分，比别人少了22分。第三次月考时，她考了106分，年级最高分为118分，比别人少12分。到了第二学期五校联考（学年倒数第二次月考）时，她的总成绩在五校793位同学中位列15，但语文只考了102分，而五校联考语文最高分为130分，比别人少28分，连前100名都排不上。从这些情况来看，尽管何婉梅同学的语文有一定的基础，但并不算特别突出，那她是怎样在高考的最后一搏中脱颖而出的呢？

（二）教师观察

何婉梅同学除了上课认真听课，跟着老师的节奏走之外，还善于思考。她静得下心、坐得住，特别是写作文的时候，从不应付，从审题开始到材料的收集、结构的安排、语言的表达等都认真对待，不像有的同学上网摘抄，或为赶时间东拼西凑，草草了事。我们曾经写过一篇以"弯道超越"为材料的作文，材料是这样的："'弯道超越'本是赛车运动中的一个常见用语，意思是指车手利用弯道超越对手。弯道是每个车手都必须面对的。相对于直道而言，弯道上困难大、变数多。过弯道时，原来领先的车手可能因为弯道而落后，而本来落后的车手也可能利用弯道超越对手。现在，这一用语已被赋予了新的内涵，并被广泛借用到政治、经济和社会生活的诸多方面。其中的'弯道'一般被理解为社会进程中的某些人生道路上的关键点。这种特殊的阶段充满了各种变化的因素，极富风险与挑战，更蕴含着超越对手、超越自我的种种机遇。上面的文字，引发了你怎样的联想或感悟？请根据你的联想或感悟写一篇文章，不少于800字。"

这篇作文有一定难度，很多同学一看材料就愁眉苦脸、唉声叹气，花了20分钟都不能确定中心。周杰伦演过一部《头文字D》的电影，里面就有关于赛车以及弯道超越的内容，何婉梅同学就围绕这部电影写作文，这不是不可以，只是内容流于表面，没什么深度。我让她再挖掘、再拓展一点，她继续思考，并抓住"政治、经济和社会生活的诸多方面"这句进行深挖，她问我："清朝末年算不算一个'弯道'？"一听这问题，我真是很惊喜，能想到这儿，那可真是有思考了，然后她把清政府不能超越"弯道"作为一个反面例子，证明在历史进程的重要关头，不能超越别人，就会落败。这一论述可谓新颖而又深刻。我给了她大大的表扬，在班上宣读并评讲了她的作文。此后，她在作文构思和材料收集方面更加认真了。

何婉梅同学还有另外一个特点是对老师的要求会不打折扣地执行，还能结合自己的情况灵活安排，找出一套适合自己的学习方法。比如，我让学生每周交一篇摘抄作业，目的是让他们多看课外书，增长见识并积累作文素材。有的同学贪图方便，抄一两句名人名言；有的则喜欢抄抒情散文；有的抄名著；而她则抄综合类的，名人名言、名人小故事、优美词句、抒情散文、评论性的文章等都有，关注点比较广。我还注意到她更正作业非常及时，而且能持之以恒，考前也常拿出来看看，复习工作做得比较到位。

何婉梅同学尊敬师长、听讲认真、学习踏实，和同学相处融洽，能高质量地完成各项作业，喜欢从课外书中汲取知识的养分，是一名优秀的学生。

（三）与学生交流（摘要）

老师：这些拼音难吗？查字典烦不烦？（第二轮复习）

学生：还好，不算太难。平时有注意过，慢慢积累。查字典不算太烦（笑），两人（同桌）分工合作。

老师：拼音题就只看拼音吗？

学生：主要是拼音，顺便看看同音的其他字，词义也看看。

老师：看课外书有什么心得体会？

学生：重要的是逐步养成坚持阅读的良好习惯，我喜欢看书，书能开阔我的视野，积累知识，是我无声的好朋友。另外，看书的同时要注意观察和思考，做生活和学习的有心人、细心人。

三、案例评价

1. 坚持就是胜利

何婉梅同学能坚持积累，不论是拼音、字形、成语还是词语辨析，都不放松，自己不懂的、容易弄错的，都把它们记下来。坚持摘抄，积累作文素材；坚持阅读，开阔自己的眼界；坚持错题的更正；坚持记录学习心得。这些坚持，锻炼了她的坚持力、意志力，提升了她的各项技能。这种持之以恒的良好学习习惯不是天生的，它是在日积月累的坚持中慢慢磨炼而成的，是在日常生活中的许多细节里慢慢培养的。每天进步一点点，让信心聚少成多；每天进步一点点，甩掉失败和挫折；每天进步一点点，实现完美的人生。

2. 勤读书、善思考

富兰克林曾说："在读书上，数量并不列于首要，重要的是书的品质与所引起的思索的程度。"读书要讲究方法，"不动笔墨不读书"。孔子云："学而不思则罔，思而不学则殆。"高三升大班的学生，他们的时间很紧，只能挤时间阅读。多读书比较难做到，但善读书、读好书还是可以争取做到的。读书时，多思考、多动手，认真做好摘抄，撰写读书感悟，可以陶冶高尚的情操，点燃求学的明灯，擦出思想的火花，开启思考的大门。读书能促使我们进行更深入的思考，提高欣赏能力、思考能力和阅读写作能力。何婉梅同学就是在勤读善思中提高了自己的写作能力。

3. 保持良好的心态

何婉梅同学性格开朗，时常面带笑容，说话彬彬有礼。她对学习抓得紧，但不会囿于分数。考好了不会过度兴奋，考差了也不会垂头丧气。但不管怎么说，高考是人生的第一大考，考前她还是有点紧张。考前一个月，我给她们讲过冲刺阶段的学习事项，其中引用了马云的话：“今天很残酷，明天更残酷，后天很美好，但是大多数人死在明天晚上，看不到后天的太阳!”还有毛泽东语录：“世界是你们的，也是我们的，但归根结底是你们的。你们青年人朝气蓬勃，正在兴旺时期，好像早晨八九点钟的太阳。希望寄托在你们身上，世界是属于你们的，中国的前途是属于你们的。”我们辛苦了一年，为了理想我们努力奋斗，我们要坚持，要相信自己，我们努力了，我们一定可以！满怀激情的同学们克服了疲惫和忐忑，个个奋勇争先。最后，何婉梅同学“一骑绝尘”，勇夺 2014 年顺德区高职高考语文单科第一名。

任何成功都不是偶然的，没有努力、坚持、善学，是不可能有最后的圆满的。

7 因材施教促成才

——记2014年顺德区高职高考英语状元梁凯旋

宋晓花

梁凯旋——2014年顺德区高职高考英语状元，但刚进班时，她头上并没有什么光环。是什么让我决定培养这个女孩，并让她向着“顺德区英语单科前十”的目标努力的呢？

一、学生基本情况

1. 钟情英语

对这位高考状元的关注始于高职班的英语月考。三次英语月考，凯旋的成绩基本稳定在145分左右。而且让我不可小觑的是：她的英语作文不仅零错误，而且词汇高级、句式地道，就如同专卖店的衣服，高端大器上档次（作文最能反映一个学生的英语基本功）。在50多个英语成绩参差不齐的学生中，她的英语成绩多少给人以“鹤立鸡群”的感觉。总的来说，这是一个比较有英语底子的学生。

梁凯旋

爱因斯坦有句名言：“兴趣是最好的老师。”古人亦云：“知之者不如好之者，好知者不如乐之者。”兴趣对学习有着神奇的内驱动作用，能变无效为有效、化低效为高效。

在姚明小时候，他的父母并没有刻意鼓励他把篮球当作自己将来的事业，他们只是让姚明做自己喜欢的事情。他们希望小姚明和普通的孩子一样读书、上大学、找工作，然后找到自己的生活方式。但姚明最终还是选择了篮球。后来他发现自己真的非常热爱篮球。

梁凯旋也是如此。从小学开始，她就喜欢英语了，中考的时候，她的英语成绩是105分（总分120），进入职中，她选择的是商务英语专业。在高职班的语数英三门学科中，她最喜欢的是英语。与其他被动学习的孩子相比，梁凯旋的学习就显得轻松、有效多了。当别的同学还在完成老师布置的作业时，她已经在阅读《英语沙龙》《英语广场》《英语周刊》等杂志了。

2. 静若处子

梁凯旋能做到入门即静，入座即学，入学即专。无论什么时候，你看到的都是她一个人静静地坐在座位上，专注于学习，完全沉浸在自己的学习里，完全不受周围同学的打扰。古人云：知止而后有定，定而后能静，静而后能安，安而后能虑，虑而后能得。像梁凯旋这么"静"的学生，还用担心没有效率、没有收获吗？

但是，这个女孩和我却是"零沟通"。在课堂上，我无法从她的表情和眼神中得知她对知识的掌握程度，只能从作业，尤其是试卷中来分析她的英语学习情况。我怎么才能走近并走进这个女孩的心呢？

这个不爱讲话的女孩给我一种"拒人于千里之外"的感觉。我和她当面沟通，换来的是她的只言片语，于是我采用了短信交流的方式："凯旋，把今天布置的英语作业写黑板上好吗？""凯旋，今日事今日毕，每天不懂的知识都要清零哦。"包括她生病请假，我都是通过手机短信和她交流。班上总有那么几个学生爱迟到，我就对他们说："凯旋是英语学霸，她都不迟到，你们好意思吗？"每次英语月考的作文讲解，我都让梁凯旋把她的作文写在黑板上作为例文，并进行讲解。慢慢地，在每天的学习、生活中，"凯旋"这个名字已经挂在我嘴边很多次了。我希望能尽早地走进这个女孩的心里。

终于有一天，"老师！"我抬头一看，是梁凯旋。在走廊遇见凯旋的一刹那，我知道期待已久的效果出现了。梁凯旋已经从心里完全接纳了我，我想我可以进行我的培养计划了。

但怎么培养呢？

二、培优过程

1. 确立明确的目标

高尔基说过，一个人的目标越高，他的才力就发展得越快，对社会就越有益。在我掌握了梁凯旋的英语学习情况并走近她后，我建议她确立“每次月考年级第一，高考英语单科进顺德区前十”的目标。“凯旋，向着单科前十的目标努力，怎么样?”我鼓励她道。“我也想!”这个惜字如金的女孩说出的这三个字已经告诉我：她想努力，但有些不自信。“你是我这么多年来见过的英语学习最好的女孩了，只要你努力，就一定能成功！成功在于行动而不是心动，我们一起动起来，好吗?”听完我的话，她点头答应了。

2. 高标准，高要求

鉴于梁凯旋记英语单词不存在困难，我要求她以每天一竖列的速度把考纲规定的2 020个单词、词组熟记于心，像秋风扫落叶一样，一个不留。自习课的时候，我会抽检单词，对没记熟的单词、词组要求她重新记忆，并再次进行检查，直到全会为止。鉴于梁凯旋有一定的自主学习能力，我要求她预习第二天老师要讲的语法内容，并完成相应的练习，标注不明白或有疑惑的地方，做到带着问题听课，把老师讲的语法知识颗粒归仓。在考场上做题，要有“青蛙的眼睛、4G的流量”。例如，在高考备考前夕，我专门就“considerable”一词提问梁凯旋，她摇头；第二次再问，她还摇头；第三次问，她点头。当高考试卷上出现这个词的时候，我相信她对正确答案的选择是不假思索的。

3. 追求精益求精

别的老师批改月考试卷是带着“近视镜”，而我是带着“放大镜”。只要梁凯旋有一点小错误，我就“尽情”地扣分。有一次，我终于看到了梁凯旋作文中的一处错误，本来可以不扣分，也可以只扣一分，但最后我扣了两分。结果那次月考，梁凯旋单科第一的霸主地位动摇了。我“狠心地扣分”是希望梁凯旋对所学知识有种“精益求精”的态度。事实上，我“得手”的也只有这一次。从那以后，梁凯旋越来越向“精益求精”靠近。高考的试卷上，25分的主观题她拿了满分。

4. 她的课堂，她做主

梁凯旋的英语基础不错，对新知识的理解和掌握速度也比较快。像名词、代词、形容词、副词和介词这些专题，她基本都懂。在讲解这些内容时，我允许她可以选择不听老师讲课，进行自主学习。像定语从句、状语从句、名词性从句和非谓语动词这些重要且较难的专题，她就得认真听讲，用心消化，并正确地完成作业。老师在讲解这些内容时，如果一节课40分钟的内容，她20分钟就掌握了，那么剩下的20分钟她可以自主安排。

5. 该出手时就出手

一般重点知识的讲解和提问我是不会先找梁凯旋的。当全班同学都回答不了我提出的问题时，同学们的目光会自动聚焦在梁凯旋身上，等着她的答案。几乎每一次，她的回答都会赢来全班同学的掌声和老师欣赏的目光。晚自习时，梁凯旋总是被很多对英语学习有疑惑的同学包围着。阿敏和梁凯旋高一高二时是同一个班的，平日里关系也很好，来到高职班自然就坐在了一起。近水楼台先得月，阿敏总是向梁凯旋请教英语学习中遇到的问题，本来对英语不太感兴趣的阿敏，在凯旋的出手相助下，对英语的学习也越来越认真了。成绩一般的阿敏，月考分数和排名竟然一次比一次进步，最后拿到了英语单科连续进步奖。除了阿敏外，梁凯旋帮助的同学还有阿森、阿兰、阿英，他们的月考成绩也都在逐步提高。

6. "不择手段"学英语

学习英语的三大从句（定语从句、状语从句、名词性从句）时，我建议梁凯旋用思维导图的方法，把知识形成一个整体，随用随取。学习代词这一专题时，我建议梁凯旋用窍门学习法，准确记忆，终生难忘。比如，little，a little；few，a few 这两组词，若按平常的方法记忆，她可能当时记住了，但课后又忘了。运用窍门记忆法，怎么记呢？首先用"可数"和"不可数"对应这两组代词，学生很容易就会发现：可数对应 few，a few；而不可数对应 little，a little。再换个角度看"肯定"和"否定"。于是，学生又很容易发现：a few，a little 对应肯定；而 few，little 对应否定。综合起来，这两组词的用法就是 little 不可数，否定；a little 不可数，肯定。few 可数，否定；a few 可数，肯定。有一些单词，反复记忆效果都欠佳，就得采用"人一能之，己百之；人十能之，己千之"的方法。

高考成绩公布的那天，她给我发来一条信息："我英语 148 分，凯旋。"当我得知她是 2014 年顺德区高职高考英语状元的时候，我觉得这回她才真的是名副其实的"凯旋"。

8 梅花香自苦寒来

——记2013年顺德区高职高考数学榜眼钟健松

匡小虎

在中职学校，技能竞赛和升大辅导是学校教学工作中的重要内容。如果说技能竞赛反映的是专业教学中优秀学生的个体技能水平，那么升大工作无疑是学校基础学科整体教学水平的反映。

钟健松

无论是区属学校还是镇级学校，上至领导下至老师都对升大工作非常重视。2012年高职高考中，我校取得了有史以来的最好成绩："3＋证书"百分百上线。"铁打的营盘流水的兵"，高职班送走了辉煌的2012届学生，又迎来了2013届学生。

2013学年上学期第一次月考结束后，我发现我们班有一个男生的数学基础相当不错，他的名字叫钟健松。

月考监考过程中，这个男生就给我留下了深刻的印象。虽然第一次月考的数学试题不难，但是他答题速度之快、思路之清晰、解答过程之完整，都给我留下了深刻的印象。我隐约感到，此人就是我要找的数学"千里马"！

看着他拿到了数学考试的满分，我决定把他作为我重点培养的对象。为此，我特意了解了钟健松同学的情况：该生高一、高二为商贸班学生，也就是我校最后一届"老板班"。中考时，他分数就比较高，数学尤佳。

我找到钟健松同学，首先祝贺他第一次月考中数学取得了优异的成绩，同时勉励他继续努力。由于第一次月考涉及的知识面比较窄，难度不大，后面学的知识将越来越多、越来越难，我希望他戒骄戒躁，不断努力。之后，我又对他提出了一些学习上的要求：上课要认真听讲，课余时间还要钻研难一点的知识点与习题，要求全体学生做的，他当然也要做，对于拔高的题目，他也要尝试去解答。对于我的要求，他郑重地点了点头。

有一次，钟健松同学生病发高烧，请假回家看病，耽误了两天的课程，回来后我利用课余时间帮他补上，保证他不落下一点儿课程。因为数学知识是系统而连贯的，前面没掌握好，后面的学习也一定会受到影响。

钟健松的数学复习资料有限，我就将我手中的高职高考数学习题集送给了他，这样他就可以利用晚自习做里面的内容。

其他同学只需要做试卷 A，我要求他不仅做好试卷 A，还要做好试卷 B。然后我再给他评改，对于他理解不了的内容，我会加以点拨。基本上很多内容，他是一点就透，个别很难的问题，我就慢慢讲解，同时让他做好笔记，之后边看边理解，以加深印象、巩固解题方法与技巧。

高职班的第二个学期，数学进入了第二轮复习。学校按照"天天练，周周测，月月考"的复习方式，来提高学生的运算能力。很多同学的解题能力得到了提升，钟健松同学尤为明显，心算能力也有很大的提高。同时我允许当我在课堂讲解简单题目时，他可以不用听讲，继续钻研一些比较难的习题。

一些出版社邮寄过来的复习资料，我也给他一份，这些资料都带有答案，并且编者将知识点和考点系统化，如填空题和选择题的特殊解答技巧，这些相对高深的方法，只有钟健松这种层次的同学才有能力去尝试，而且后来的事实也证明他确实掌握的不错。

钟健松同学还有一个很大的优点，就是乐于帮助其他数学成绩差的"学困生"。

每天晚自习后，他都会在小黑板上出些题目给他们解答。"赠人玫瑰，手留余香"。在帮助别人的同时，他自己的公式和知识点也得到了巩固与加强，丰富了自己的解题方法，班上学困生的数学成绩也得到了不同程度的提高。

有人形容高职班的学习犹如戴着手铐跳舞。的确，学生在高一、高二时，几乎没有什么学习压力，进入高职班后却每天都是语文、数学、英语的学习，并且十分枯燥，有背不完的公式、做不完的题目，早读晚修，周六和节假日还要补课。但大浪淘沙，留下来的一定都是意志坚强的。像钟健松这样基础好，还这么用功的学生更加难能可贵。

经过近一年的刻苦学习以及无数次的做题、测验，钟健松同学的数学综合水平已经炉火纯青，每个章节的知识点与公式他都熟稔于胸，数学分析能力与逻辑思维能力也得到了很大提高。

成绩好的同学总是会越学越有兴趣、越学越轻松，炎热的夏天也阻挡不了他学习的热情，他非常渴望步入高考的考场，和其他优秀的高职学生一争高下，因为他相信，他已经准备好了！

终于到了高考的时候，所有学生都放下了思想包袱，自信而轻松地奔赴考场。

考试期间，升大班六位老师全程陪护，学校行政领导也莅临考点关心、慰问老师和同学，极大地鼓舞了士气。

我们相信，只要过程完美，结局也就不会有什么遗憾！

果然，2013 年 6 月 27 日高职高考成绩公布，学校的高考成绩又一次让我们惊喜，而钟健松同学以数学 146 分取得了顺德区高职高考数学单科第二名的好成绩，创造了我校高考数学的个人最好成绩。

后来我们得知，顺德区的高职高考是顺德教育的一大亮点，顺德区高职高考数学前六名也是佛山市高职高考的前六名，也就是说钟健松同学的数学成绩其实也是佛山市高职高考数学的第二名！

因为这来之不易的成绩，梁泽洪校长为我和钟健松同学颁奖，我们的辛勤付出得到了校领导的肯定。

现在，钟健松同学就读于顺德职业技术学院，向着自己的成功之路迈出了坚实的一步，我祝愿他以后的人生更加辉煌精彩。

回顾一年来的辅导历程，我的感悟是：评价学生，要从多方面、多角度进行，只要有某一个方面表现优异，加以栽培，也能成为优秀毕业生。这就是我校“成才百分百”教育理念的核心思想——“多元智能”。

钟健松成功的案例，就是对我校“成才百分百”教育理念的最佳诠释。

技能尖子

成才篇

在职校中，有这样一群学子，他们技能优秀，在老师的悉心指导下，刻苦训练，努力拼搏，在广东省乃至全国院校技能大赛中摘金夺银，屡创佳绩。大赛点亮人生，技能成就梦想，他们成为竞技场上的佼佼者、职场里面的“香饽饽”，从毫不起眼的“丑小鸭”到魅力四射的白天鹅，实现了人生的华丽转身，让青春精彩绽放。

9 “心”的力量

——记全国职业院校会计技能大赛一等奖获得者何楚怡

刘礼菊

2011年6月16日上午10时，山东省潍坊市大剧院里，颁奖礼在热烈地进行着，“2011年全国职业院校中职组会计技能大赛，一等奖，第五名，广东省佛山市顺德区陈登职业技术学校，何楚怡……”当主持人念到这里时，正在现场的我激动起来，坐在前排的她更是喜笑颜开，带着成功的激动和喜悦频频回头看坐在后排的我，无声地表达着感激之情。在她步履坚定、从容地登台领奖的那一刻，我看到了一个不同于往日的、自信满满的、绽放着青春激情与活力的何楚怡。看着眼前的她，再与八个月前她进行技能比赛选拔时的状态相比，我觉得此刻的荣誉真是来之不易！

何楚怡荣获全国职业院校会计技能大赛一等奖

那时，她性格偏内向，安静、斯文，做事规规矩矩，不主动说话，即使说话也略显羞涩，细声细气，不够自信，是那种放在人群里很容易就被忽略的人；她的学习成绩也不算突出，但学习态度端正，能按照老师的要求一丝不苟地完成学习任务。如果按照传统的选拔比赛选手的标准——成绩顶尖、思维灵活、勤奋积极来进行选拔，是很难将她与竞赛选手画上等号的，更遑论成为优秀选手，是否有能力参加顺德区会计实务比赛还是一个未知数。所以，在第一轮选手选拔时，我们把她归于备选选手之列，陪伴正式选手参与训练。随着训练难度的加大和强度的提高，入选的几名正式选手由于意志不够坚定、不能承受这种高负荷的训练及其他原因，最终选择了放弃，这时我们及时调整了训练计划，最重要的是需要重新确定比赛选手。事急从权，我们决定不再按照以前的选人标准来挑选选手了，同时我们也意识到，在整个比赛过程中，学生的主动意识是使训练有成效的重要因素。俗话说：兴趣是最好的老师，快乐源于主动选择！只要有兴趣，再通过刻苦训练，没有什么不可能。随着这种选人思想的转变，我渐渐把目光转向默默无闻、勤勤恳恳、刻苦训练的何楚怡。最终促使我选择她的原因还是她的主动与决心，她说："老师，我很喜欢这个学习氛围，如果给我机会，我愿意留在竞赛小组，好好学习，学习更多的知识，锻炼自己的毅力，为以后工作做好准备。"当然，作为一名老师，我有责任和义务去发现学生身上的闪光点，去挖掘学生的潜能，以科学的训练方法指导她，我相信这一定会成功！我最终做了一个大胆而坚定的决定：给她这个机会，把她作为正式比赛选手留下来！

经过选人风波以后，比赛进入正常训练，训练的过程是艰苦而乏味的。她毕竟还是个学生，训练一段时间以后，我在她身上也发现了学生们的通病：训练过程中，她会趁老师不注意，偷偷插上老师拔掉的网线上网、聊 QQ、玩游戏，甚至玩手机，以敷衍的态度对待训练。这样的训练效果可想而知。当时，虽然我心里很急也很恼火，但并没有当面责怪她，而是和她谈起了最近的生活和训练情况。谈到训练，我问她："你为什么留下来？你真的明白自己留下来的意义吗？进入这个团队，你需要学会承担、学会独立、学会自我约束，锻炼自己的自控力。"我还告诉她，成功并不难，也不遥远，成功其实是每时每刻地全力以赴。只要克服各种困难，战胜自己的懒惰心理，将当前的小目标一个一个实现，就会更接近大目标，离成功也会越来越近。

在训练中，我更以实际行动给予她积极的心理暗示，帮助她树立信心，改掉偷懒的毛病。在电算化项目测试的改卷过程中，我会适当将分数提高；在试卷点评时赞赏她的亮点，热情地鼓励她；在测试点钞成绩时，故意将五分钟的测试时间延长 5 秒、10 秒、20 秒，让她每次测试后都能感觉到成绩的进步，这在无形中增强了她的自信心，使她调整了心态，以更认真的态度去对待训练和比赛，成绩在训练中稳步进步。我也意识到了松紧有度的训练方式才是科学的训练方法，老师应关注学生的课余活动，使她在课余时间能尽可能地放松自己，休息好，保持良好的精神状态，才能在训练时达到更好的效果。为此，我给她规定上网时间——每天完成训练任务后，根据完成质量的好坏，适当上会儿网，以放松心情；陪她一起打羽毛球，一起在校园慢跑，一起在食堂用餐，还一起观看一场羽毛球比赛，每到关键赛点时都做一些小点评，将相同的竞技道理运用于我们自己的比赛训练上，举一反三。后来，她也明白了我的用心，更加重视团队合作，也更加努力训练。在学校各级领导的大力支持和团队的共同努力下，她取得了2011年顺德区会计实务比赛第一名的好成绩和参加广东省会计实务比赛的资格。我们没有放松，因为我们知道，接下来的路还很长，因为还有省赛、国赛，我们需要脚踏实地地做好每一步，才能走得更远，取得更好的成绩。

我深知在比赛过程中家庭的理解和支持对选手来说是很重要的，而获得何楚怡家人的支持和理解也并不容易，这真是应了那句古话：好事多磨，一波三折。但这也再次体现了她认真对待比赛、克服一切困难的决心。参加比赛时，她是学校会计专业高三年级的学生，参加完顺德区会计专业选拔赛后，已经是高三下学期，按照学校“2.5+0.5”的办学模式，这时她的同学大部分都选择了顶岗实习，而她却非常坚决地表示要继续参加广东省的会计实务比赛。但她的家长并不赞同自己的女儿继续参加比赛，而是更希望她去亲戚处帮忙打理财务工作，多学习一些实操知识，为毕业以后开代理记账公司做准备。经过多次的家访和电话、短信沟通后，其家长逐渐意识到：他们应该尊重女儿的选择，参加这个技能比赛对何楚怡的专业技能和坚强意志的培养大有裨益，对其以后开代理记账公司也是很有帮助的。他们被我们的诚意所打动，同意何楚怡继续参加广东省的比赛，但是在亲戚的公司暂时没有找到合适的财务人员时，她也需要兼顾工作。因此，在长达一个月的时间里，她白天在公司帮忙处理账务，跑银行取钱、转账、对账，跑税所办理纳税申报、购发票、认证税款抵扣额等，晚上则赶回学校训练，非常刻苦。这个过程很艰苦，但这种艰苦更加锤炼了她的坚强意志，她在晚上的训练也更加努力，常常达到废寝忘食的地步，毕竟她要学习的是别的选手要学一天的内容，所以她晚上训练的时间很长，最长训练至晚上十点半。公司周末不上班，对她来说有更多的时间训练，我们团队的其他选手也都能顾全大局，将自己的休息时间调开，尽力配合她进行训练。这时，团队的力量、团队的合作，以及互帮互助的精神体现得淋漓尽致。她们已经进入了状态，不用老师多讲，只要布置好任务，她们就能认真地、保质保量地完成，作为指导老师，我很是欣慰。到了训练的后期，我非常注意观察她们的饮食、睡眠和思想状况，以便及时为她们排忧，保证她们能以饱满的精神、良好的心态去训练。训练过程中，我也随时与她们的家长保持联系，以便家长能及时了解自己女儿的近况和进步，及时给予女儿来自家庭的鼓励，让她们能放下一切包袱，以最好的状态投入到训练中去。终于，我们的选手不负众望，取得了2011年广东省会计实务比赛一等奖。凭着坚毅的性格和刻苦的训练，以及良好的心态，主力选手何楚怡不仅取得了此次广东省会计实务比赛一等奖，还在接下来的全国比赛的选拔赛中，打败其他选手，取得了代表广东省参加全国比赛的资格。

机会来之不易，这是全国第一届职业院校会计技能比赛，也是一个很大的挑战。国赛训练在广东省商业技术学校集中进行，训练的时间相当紧张，强度也非常大，更重要的是离开了自己的家，远在外地训练，在生活上、心理上多少有点不适应。集训期间，我们的住宿条件有限，大热天挤在商校不足 10 平方米的宿舍里，天热蚊子又多，关键是与宿舍平行的窗外就是广州市地铁滘口站，晚上 11 点地铁才收班，早上 6 点地铁就开始营运，非常影响我们的休息。抱着既来之、则安之的坚定信念，何楚怡尽力克服生活及心理上的不适，抛开一切杂念，使这些外在条件不至于影响她，以最好的心态和状态投入训练，争取以更好的成绩来回报自己，回报学校领导的期望，回报老师的培养，回报父母的支持。

在训练中，我们有 4 个学校的同学和老师一起训练，每天我和她都早早到达训练地点，不迟到不早退，并且练出了我们的好成绩，体现了"不是最好，但能做得更好"的校训。因为我们明白：在校外我们不仅代表自己，更代表学校，我们要训练出效果，体现我们的精神，我们要做得更好。通过与其他 4 名选手一起训练、沟通，何楚怡慢慢地也变得开朗起来，与他人的交流更多了，也更加自信了。训练中，有疑惑的地方她会主动与指导老师进行沟通，虚心求教。她对各位指导老师也尊敬有加，能根据老师们提出的训练建议积极改正。她这种勤奋学习、积极进取、不懂就问的执着学习精神，受到老师们的一致喜爱和赞扬。比赛结束后多年，每次我们几位指导老师，包括财经指委会的一些领导谈起她来，都是印象深刻，赞誉有加。

为了发扬我们的优势，补强我们的弱项，使训练效果更好、成绩能提高得更快，针对她的特点，我和她一起制定了训练计划以外的训练内容。为此，她必须付出很多，每天我们比别的选手提前半小时到训练地点练习技能项目；晚上回到宿舍，洗漱完毕，上床睡觉前再复习一下当天的知识点，进行点钞、传票的练习。由于时间紧迫，有时一天的训练时间长达 11 个小时，高强度和高负荷的训练，让她有点吃不消，常常第二天早上还感觉手臂酸痛，但是为了在有限的时间里取得好的训练效果，她挺住了，没有打退堂鼓，一如既往地坚持训练。她的这种坚持精神让我很感动。那段时间，我这个指导老师除了对其专业知识进行指导外，还做起了她的按摩师，每天睡觉前用云南白药为她进行肩部和手臂的按摩，同时负责起她的饮食监控和身体健康状况的观察。生活上尽可能地给予她细致入微的关心和照顾，让她能感觉到老师的良苦用心，自觉克服困难，以更好的状态投入到训练中去。

对于选手来说，比赛成败的大部分因素取决于精神状态的好坏以及临场发挥。国赛前夕，省教厅的上级领导到集训场地巡查，4 位选手经过一番比赛后，何楚怡的成绩排在 4 位选手的第 3 名，效果比平时的训练水平差了一些，领导对于做得好的选手进行了表扬，也指出了需要改进的地方。我看着何楚怡一脸黯然的样子，知道她心里有负担了。我想，训练到当时，她应该能自我调适了。令我没想到的是，到了正常训练时间，她一整晚都不在状态，传票项目打得多错得多，出现了前所未有的低分，点钞项目准确率也不高，甚至由于粗心，被新换的钞纸割伤手指。手指的伤痛，加上心里的委屈，让她再也忍不住，当场哭出声来。当时，我果断地让她当晚暂时不用训练，因为调整她的心态最重要。回到宿舍，她的心情稍微平复了些，但仍然很低落。和她沟通后，我了解到，她今天状态不好，主要是临近比赛，心理压力比较大。最近训练处于低潮期，再加上晚上没有休息好，这些都是导致她没有发挥好的原因。我告诉她，“我很感谢你这段时间的努力和付出，你的付出我都看在眼里。首先，今天的测试也不是正式的比赛，离比赛还有一周时间，还有时间调整状态，如果在正式比赛时没有调整好心态，那才是失败。其次，这是会计专业首次有国赛，我们学校也是首次参加这种比赛，能进入集训参加国赛，本身就是一定程度上的胜利，不必想太多，我们只要尽力就好。我以法拉第的名言‘拼命去成功，但不去期望一定会成功，你反而会成功’，与你共勉。再者，从前几次的交流情况来看，远与武汉市财政学校进行的 PK，近与深圳国赛代表队的 PK，都表明我们广东省代表队的电算化水平在全国都是处于前列的，而你的成绩又处于选手前列，要相信自己的实力、相信老师的训练方法是有效的。现在，你只需调整好自己的心态，全力以赴积极训练好各个项目，稳定发挥出自己的水平，成功就离你不远了。我们的比赛走到今天也很不容易，回头想想，为了这次比赛，我们付出了多少汗水，在最后的训练时间里，一定要坚持，坚持住了，你就胜利了！”经过一番开解，她的心态好了很多，我们还聊到她毕业以后将从事的工作，她说她对这次比赛很看重，家里人也支持她，希望她好好比赛，取得好名次，毕业以后开一家代理记账公司。我适时地对她进行了鼓励，相信她通过自己的努力，一定能实现目标！

为了真正消除她的消极心理，第二天，我打电话给跟楚怡一同参加过广东省会计实务比赛的队友，告诉了她们何楚怡的情况，希望她们过来看看她，给她打打气鼓鼓劲，她们欣然同意。第二天，她们一早就坐地铁来到商校。她们的到来，让何楚怡很开心，同时也让她感觉到大家庭的温暖。大家都鼓励她好好珍惜这个机会，放松心态，尽力做好自己，大家没能实现的理想——获得全国会计技能比赛的一等奖，希望她能去实现。队友的鼓励、自信心的高涨，使她在临近比赛的一周里，状态调整得越来越好，训练水平越来越高，作为指导老师的我也信心倍增。

国赛比赛地点在山东潍坊，在去比赛地山东潍坊的路上，我们的选手既兴奋又紧张。到达目的地，看过赛场后，为了合理利用赛前时间，尽可能地保持选手们的良好状态，我们在下榻的酒店对各项知识点一一进行了梳理和强调，做赛前的最后辅导，以提升选手们的自信心。比赛过程中，选手在场内拼搏，教师们在场外也没有闲着，为下午选手的比赛做准备，替她们提前准备好午饭。令我们意外的是，我们广东队的4位选手都提前走出考场，甚至其中一位选手提前一个小时出来，何楚怡也提前半小时出来。刚开始，我们以为比赛出了什么状况，是不是题目太难？学生们的回答打消了我们的疑虑——题目比较简单，平时基本都练过。4位选手都如此回答，让我们觉得这是一个好兆头。到了下午的传票比赛，在老师们的热切期盼中，选手们走出了考场，这次我们没有看到早上的欣喜面孔，她们个个脸色都显得有点凝重，我们一看就知道情况有异。在场外，我一边为她们进行着手臂的按摩，一边进行安慰：不管结果如何，已经比完了，不要想太多，现在调整好心态，进入下一场的点钞比赛；比赛时不要紧张，要随机应变，注意听好裁判的口令，稳定发挥自己的水平……相信自己，你行的！带着老师的叮嘱和圆梦的决心，选手们再次踏上“征程”。比完最后一个技能项目，在我们的期盼中，她们走出赛场，脸上带着我们熟悉的笑容，这笑容也感染了我，霎那间使我的心情轻松了不少，我想比赛效果肯定不错。果然，何楚怡汇报了自己的成绩，与其他选手相比，她的成绩很不错。此刻我有种感觉：成功就在眼前，我们的付出将有回报了。不出所料，比完赛的当晚，我们就收到了好消息，梦想成真了！

从班里一名普通的学生成长为全国职业院校中职组会计比赛的一等奖获得者，成功光环的背后，她付出的努力是常人难以想象的。这个比赛也为她的学生生涯画上了一个圆满的句号，同时也为她的精彩人生翻开了一个新的篇章，为她以后的事业奠定了良好的基础。正如她自己所说，她通过比赛超越了自己，磨炼了她的毅力和意志，提升了自我。比完赛以后，她的家长还主动打电话给我，感谢我对何楚怡的培养和帮助。

顶着“学校优秀毕业生”和“全国职业院校会计技能比赛一等奖”的光环，拿着各种专业证书和荣誉证书，何楚怡顺利毕业了。在家人的支持下，她开了一家小规模的代理记账公司，她凭着自己良好的专业素质和吃苦耐劳的工作作风以及诚实守信的职业操守，将自己的专长发挥得淋漓尽致，客户越来越多，业务越做越大。她说，将来业务多了，要开一家更大的财务咨询公司。我相信，凭着她的坚强毅力和勤奋努力，她一定能实现梦想！

她的成功让我觉得，面对任何挑战，如果我们都能以积极乐观、以最真诚的心去面对，再辅以科学的管理和训练方法，加上努力奋斗，哪怕是再平凡的人，哪怕遇上再艰难的情况，都可以取得令人刮目相看的成绩。

心的力量是强大的！

10 从“边缘学生”到技能标兵

吴建平

2012 年 4 月 8 日 12 点 20 分，广东省中职学生技能大赛企业经营项目比赛结束，大家都屏住呼吸，等待组委会宣布结果。

“第一名，佛山市顺德区陈登职业技术学校，最终权益 158！”

听到这个结果，我们整个沙盘团队沸腾了。

大家心情激动，不停地欢呼，似乎要将积蓄了几个月的能量激发出来，以此来宣泄这一年中的辛苦努力和付出。

五位选手中，有一位选手表现得异常冷静。当大家脸上洋溢着欢笑时，他却一个人躲在角落里一言不发，眼里含着泪水，似乎在思考着什么……

他就是本次比赛的骨干选手——方家进，来自物流 091 班的学生。

右一为方家进

提起方家进，班里同学对他的了解仅限于他家住在荷村，其他情况一无所知。曾经的方家进性格很孤僻，在班里没有要好的朋友，平时和其他同学几乎零交流。他总是一个人忙自己的事情，从不愿意把心事告诉同学和老师，与周围的人有隔阂。当大家在一起分享快乐的时候，他总是一个人独处。

久而久之，方家进成了班里的“边缘人”，没有人能与他分享快乐，也没有人能替他分担烦恼。

沙盘项目是一个团队项目，要求选手有一个开朗、乐观的心态，要善于和其他选手交流与分享。显然，方家进的性格不符合要求，但他在集训中表现出的对数字异常的敏感和格外冷静的头脑，又是沙盘选手最需要的素质。

到底应不应该给家进一个机会，让他加入沙盘集训队？如果不给，沙盘集训队无疑将失去一位技术卓越的选手。如果给了，万一性格弱点暴露出来，将会给整个团队带来沉重的打击。

为了深入了解方家进性格养成的原因，我决定进行家访。

方家进的家在荷村，而方家进的家庭是全村最困难的家庭之一。方家进的母亲常年患病，不能从事体力劳动，全家靠父亲开摩托车维持生活。

方家进的哥哥以优异的成绩考取了重点大学，是全家人的骄傲。从小方家进就常被拿来和哥哥对比，一直处于劣势的方家进总是被批评，自信心也在一次又一次的比较中被磨灭掉了。家里希望方家进早点出来工作，为家里缓解一些经济压力。所以，从一开始，他父母就反对方家进加入沙盘训练小组。

家访的目的是说服方家进的父母，让他们对方家进有新的认识，同意让他加入训练小组。说服的过程比想象中要困难得多，他的父母坚决不同意方家进参加集训。因为集训需要选手最后一个学期待在学校继续训练，不能像其他学生一样出来找工作赚钱。

为了缓解方家进的家庭经济压力，我们为他申请了"陈登爱心基金"，还为他申报了"三好学生""技能标兵"等多项奖励，这些补助和奖励可以保证方家进在训练期间不会给家里增加负担。

除此之外，我们在培养方家进自信心方面，也下了许多功夫。我们告诉方家进，虽然他在父母眼中是所谓的"差生"，但我们学校对学生的评价不是单以分数论高低。优秀的学生不一定要分数很高，如果能在其他方面表现优异，也能成为优秀毕业生。这就是我校"成才百分百"教育理念的核心思想——"多元智能"。

方家进头脑聪明，并具有灵活的反应能力和冷静的分析能力，这些综合素质是许多学生所不具备的。这些能使他成为优秀学生，同时也是沙盘选手所必需的重要素质。

听了我们的鼓励，方家进的眼睛亮了起来。

我们把这个想法告诉方家进的父母，也许是被我们的诚意打动了，方家进的父母同意他暂时先在沙盘队训练。

方家进终于可以来参加训练了。他的应变能力很强，分析和决策能力也十分突出，有担当 CEO 的潜质。但是，作为一名新手，一来就担任 CEO 角色，向其他队员发号施令，是难以服众的。

于是，我们给方家进安排了最辛苦的职位——财务总监，让他从最琐碎的财务报表做起。做财务总监要求选手有很好的耐心，特别在数字处理方面，稍有差错就会导致报表错误。

方家进的数字敏感度很高，心算能力很强，很快就掌握了制作报表的技巧。只要一选完单，方家进不需要使用计算器，就能在 30 秒钟内算出最终净利润，速度比那些使用计算器的选手还快。

做了一段时间的财务总监之后，方家进产生了厌倦情绪，原因是他不喜欢做重复烦琐的事情，不想总是跟着别人的步伐走，希望能担任 CEO 角色，承担更具挑战性的工作。

我们答应了方家进的要求。一开始，情况朝着我们期望的方向发展。沙盘训练的突发情况很多，但方家进经常能在局面比较混乱的形势下做出合理的决策，带领整个团队取得好成绩。

但时间一长，方家进性格上的弱点就暴露出来了。他的孤僻甚至有些高傲的性格给训练带来了一些负面影响。当有人对他的决策提出质疑时，他的情绪就会很激动，根本听不进别人的建议，甚至会驳斥对方的意见。方家进似乎对那些反对他想法的队友充满敌意。有时遇到一些策略上的分歧，他就指责其他队员，缺乏有效的沟通，只愿意别人听自己的，不愿意耐心听取别人的意见。其他队员开始向老师投诉，不愿意跟方家进一组，特别是老队员的意见更大。

作为一个新选手，有什么资格可以如此强势，让其他队员对自己的决策“唯命是从”？这是大家反映的最多的问题。

方家进的问题不是技术，而是心态和性格。

为了弥补方家进性格上的缺陷，让他在训练中保持一个良好的心态，我们给方家进安排了一个“艰巨”的任务——每天早上给每个队员打水。这个任务看似很简单，但方家进却是极不愿意的，甚至有些抵触。碍于老师的压力，方家进极不情愿地拿着其他队员的水杯去打水，他的脸上写满了不悦。因为他平时只关注自己，很少关注别人。第一次打完水，其他队员都跟方家进表示了感谢，这反倒让方家进觉得不自然，因为他很久没听到别人对他的感谢了。第一次、第二次……直到第十次，方家进开始将打水看成自己的事情，每天上午一进沙盘室，就很自觉地将每位选手的水杯打满水。

从此，方家进在分组训练中不再独断专行，而是愿意听取别人的意见，大家和方家进的关系也变得融洽起来。

方家进没有辜负老师的期望，在训练中成绩名列前茅。

方家进的另一个弱点是性子急。在输入电子系统时经常会发生错误，沙盘比赛最重要的一个环节就是将数据输入电子系统，只有一次机会，不能犯任何操作错误。一旦犯错，将导致整个局面瞬间崩盘。

方家进经常犯电子输入的错误，他自己也很懊悔，但总是找不到解决的办法。我们给方家进的右手食指上绑了一条小红线，每当方家进心急的时候，就看看这条小红线，焦急的心情便可以得到舒缓，犯错的几率也会大大下降。

训练生活很枯燥，重复做着同样的事情，学生的情绪很不稳定。为了调整心态，我们带队员去爬西樵山，感受大自然的风光。西樵山景色迷人，让队员们暂时忘却了训练的烦恼，身心得到舒缓。

尤其是方家进，笑容从一开始就爬满了他的脸。他跟其他同学嬉笑追逐，整个人都陶醉于快乐中。这时距离比赛还有一个多月。

原以为接下来的训练会很顺利，但还是出现了一些状况。

连续三天，方家进都没来沙盘实训，与我们失去了联系，这令我们焦急万分。

我们再一次来到方家进家里，但方家进始终不肯将缘由告诉我们。最后还是方家进的母亲道出了其中的原因：沙盘室一位老队员担心不能入选最后的参赛名单，开始排挤方家进，在训练时总是挑方家进的毛病。更令人气愤的是，这位老队员还以手机丢失为借口，诬陷方家进是小偷，让沙盘室其他成员孤立方家进。方家进很难过，于是铁下心来不再去沙盘室参加训练。

事实正如方家进母亲所言，为了获得参赛权，有的队员采取不光彩的手段排挤方家进。我们果断采取措施，将这名用不光彩手段排挤方家进的队员清除出沙盘小组。沙盘组的成员不仅要求技能高，还要有良好的品质和端正的心态。只有这样，正能量才能得到弘扬。

回顾方家进从“边缘学生”到“技能标兵”的成长历程，我不禁感慨万分。

我校提倡“成才百分百”的教育理念，让每位学生都能发挥自身的特长，找到成就感，实现自己的人生目标，成为对社会有用的人，方家进就是一个非常典型的案例。

在学习成绩上，方家进也许很普通，特别是与优秀的哥哥比，他毫无优势。但在沙盘比赛中，他找到了成就感，从此他和哥哥一样，也成了父母眼中的骄傲。

由此可以看出，我校“成才百分百”教育理念的核心思想——“多元智能”，就是善于挖掘学生的闪光点，并使之发扬光大。只要大家共同努力，用“成才百分百”教育理念去关注、培养学生，我校就一定会涌现出更多的优秀学生。

11 陈登飞出三只金凤凰

彭 娟

她，身材高挑，不善言语，创意无限。——她叫陈琦萍
她，明眉大眼，落落大方，成熟稳重。——她叫陈锦萍
她，皮肤白皙，温文尔雅，心思细腻。——她叫陈锦媚
她们才貌出众、品学兼优、学有所长。

有缘相聚会陈登

她们三人都来自新隆村的一个家庭，她们是三朵姐妹花！更为有缘的是，她们分属于陈登职校 07 美术设计班、会计 112 班和会计 123 班，这不得不说她们与陈登职校有着不解的缘分。

她们分别担任班级宣传委员、文娱委员和学习委员，除协助班主任完成基本班级事务外，她们都有着共同的特点，那就是：非常热爱自己所学的专业，愿意用心钻研各学科的精髓。

在学校一年一度的技能节展示中，她们代表班级参赛，并分别荣获学校手工会计项目、翻打传票项目、会计实务项目及广告设计项目的“技能之星”称号。

学习细致蓄能量

小妹锦媚从高一入校就一直跟着我学习专业课程。在我任教 13 年来所见过的学生中，她对会计专业知识学习的细致程度真是非同一般。我清楚地记得那是在《基础会计》实训课的最后总结课上，当时那套实训练习是比较简单的：“生产成本”账户期末并没有余额的，表示当月产品已全部完工入库。当我总结分析的时候，随口问了一句：“此账户哪种情况下会有余额呢?”大家都在安静地思考着，这时锦媚大胆地举了手，回答道：“老师，应该是有产品未完工的时候，会有余额。”我当即就表扬了她。可没等我继续往下总结，她继续追问：“老师，

实际生活中应该有余额的情况会更多吧，哪有刚刚好都完工的呢?”“是啊”，我接着她的话补充道：“这次实训是我们专业课的第一次实训，内容比较简单。但在实际工作中，企业产品未能全部完工时，生产成本账户一定是有余额的。”作为老师的我，回过头来仔细想想，她真是完全理解了“生产成本”账户本身的经济含义，不然也不会问得如此彻底。另一件事我同样记忆犹新，那是发生在高二下学期的《初级会计实务》课堂上，当我布置完《交易性金融资产》章节的练习后，顺便把当堂课练习的答案也发给了课代表，让课代表帮我保管，以便其他同学做完后进行答案核对。可就在那天中午的午休时间，我的手机收到锦媚发来的短信：“老师，休息了没?”“没，什么事?”我回答道。“上午您出的题目，没问题吗?”她又发来一条。“没啊，我答案都做好了。”“可是，有一题应该是……”，当她把那题完整的答案通过手机发给我时，我顿时发现真是我做错了，有一个容易出错的细节被我遗漏了。整个中午的时间，我的内心是不能平静的：一方面是自责自己做题时的粗心；另一方面是对锦媚敢于向我提出质疑而感到高兴。于是，下午本来不是我的课，为了弥补上午那道题的错误，我特意向当堂课的科任教师申请了 10 分钟时间，给学生讲解，及时更正了错误；同时也在班上表扬和肯定了锦媚同学。简单的两个学习细节折射出锦媚对专业课程学习的细致与认真，这也是后期她能顺利入选竞赛小组所具备的不可或缺的基本学习能力。

技能竞赛展风姿

正是因为她们在专业学习上的突出表现，学校广告设计竞赛组、手工会计竞赛组分别将她们三人纳入学校竞赛的核心梯队。

在各自竞赛小组的训练过程中，她们刻苦努力、一丝不苟，严格按照辅导老师的训练计划，有条不紊地进行集训。大姐陈琦萍代表学校参加顺德区广告设计项目比赛期间，集思广益、积极思考；二姐陈锦萍和小妹陈锦媚，均代表学校参加顺德区（学生组）手工会计竞赛项目的比赛，并负责担任团队项目的会计主管一职。训练期间，她们刻苦努力，认真备赛。每天晚间，训练通常安排在 7 点 30 分开始，她们俩都能在 6 点 45 分前来到训练场室，主动练习；在训练过程中，她们思维活跃、积极进取，秉承着绝不把不会的训练题目留到明天的思想，迎头拼搏，最终在她们与小组其他成员的共同努力下，分别以 2014、2015 年顺德区手工会计竞赛项目团队第一名的身份强势挺进广东省中职学校组省赛。最终，大姐陈琦萍在 2009 年顺德区（学生组）广告设计比赛中，获得了区二等奖的好成绩；二姐陈锦萍在 2014 年 4 月的广东省（学生组）中职手工会计比赛项目中，获得了省二等奖的好成绩；小妹陈锦媚积极备战，和其他两名组员一起团结拼搏，在刚刚过去的2015年5月的广东省（学生组）中职手工会计比赛中，获得全省团体总分第一名的好成绩。

她们三人在中职技能竞赛的舞台上各领风骚，以优异的成绩和突出的表现向其他同学展示了职校学生独有的风采。

毕业职场展风华

现在，大姐陈绮萍在某广告公司负责广告设计工作，二姐陈锦萍在某财务公司负责会计工作，小妹陈锦媚比赛结束后，顺利应聘去了某会计师事务所做会计助理，她们都如愿地从事着自己喜欢的工作。她们在各自的工作岗位上时刻保持着竞赛学习时的热忱状态，每天以一种积极、乐观、向上的阳光心态投入日常工作。用人单位的相关负责人是这样评价她们的："最优秀的职校竞赛学生能成为我们公司的一员，是我们的荣幸和骄傲。"简单一句话，浓缩了她们日常工作的一切努力，并充分展现了她们的个人才华和较强的工作能力。

感恩家长育才女

三姐妹有如此优秀的表现一定与和蔼融洽的亲情氛围密不可分。在带陈锦媚学习的三年时间里，我跟随班主任去她家家访过。她的父母年纪稍长，没有太多文化。因为子女较多，所以家庭经济条件较差，或许这也是三个女儿都选择就读职校的缘故。在与她们父母的简单沟通和交流中，我们做老师的能明显感受到她们父母的朴实和善良。他们教育这三个孩子学习要认真，工作要踏实，做人要真诚，待人要善良。简单的几个字：认真、踏实、真诚、善良，道出了这个"凤凰家庭"的精髓。作为一个普通专业教师，我能对他们说的也只有两个字——感谢！感谢他们为学校养育出了这么优秀的女儿，感谢他们用最质朴的方式教会了孩子人生中最大的道理。

后记

我参加工作已有13年，类似这样的"竞赛型"的家庭还是第一次见，而且其中的两姐妹有缘与我相识。作为小妹陈锦媚的会计专业教师和技能竞赛辅导教师，经过这三年的接触和熟悉，我能明显感受到她们的家庭充满和谐与温暖的气氛，姐妹之间的情谊是非常深的。这份情谊不仅表现在生活上，还深入到日常的专业课学习过程中。记得有一次在辅导二姐陈锦萍竞赛题目时，她遇到不明白的地方，经过几分钟的思考，她不是立即询问我，而是打电话询问小妹陈锦媚这道题的解题思路。两人在电话里商量了几分钟后，她轻松地写上了正确的数字，我现在还对当时的情景记忆犹新。那时，我做老师的成功感油然而生。这不正体现了学校的教育理念——"成功百分百，成才百分百"吗？在学习中获取知识，取得成功；在生活中相互勉励，收获情谊，取得成功；在各竞赛赛场上奋力拼搏，捧得奖杯，取得成功；教师辅导她们知识碰撞，交流升华，取得成功……

作为竞赛辅导教师的我，这繁忙而紧张的两年时光，留给自己太多太多的感悟。不仅因为我能遇见如此优秀的三姐妹，更是因为我能与这些上进、开朗、好学的伙伴亲密为友。我们彼此相互学习、共同探讨。"良师益友"四个字最能体现我们之间的关系。

如今的陈登三姐妹，如同三只金凤凰一般，在天空中自由飞翔。她们不仅有着凤凰般的美丽，更拥有凤凰般的精神。我们也衷心希望她们能将这股凤凰般的精神一直传递下去，带领一大批陈登的学弟学妹们朝着属于他们各自的方向勇敢前行，因为美好的明天就在那里等待着他们！

12 追梦者的足迹

——记广东省外贸单证技能大赛一等奖获得者梁孝其

刘惠珏

一、激动一刻

2014年4月13日下午2点30分，来自全省14所中职学校的29名外贸单证技能竞赛选手，以及28名竞赛领队、辅导老师，聚集在赛场会议室，等待裁判团的到来。

大家的心情紧张而激动。

时间一分一秒地溜走，半个小时过去了，还没见到裁判团的踪影，大家有些按捺不住了，有的人焦躁地走来走去，有的人在不断地看会议室墙上的钟表，还有些人忍不住吵嚷起来……我也有点撑不下去了，很想逃离这紧张异常的现场。

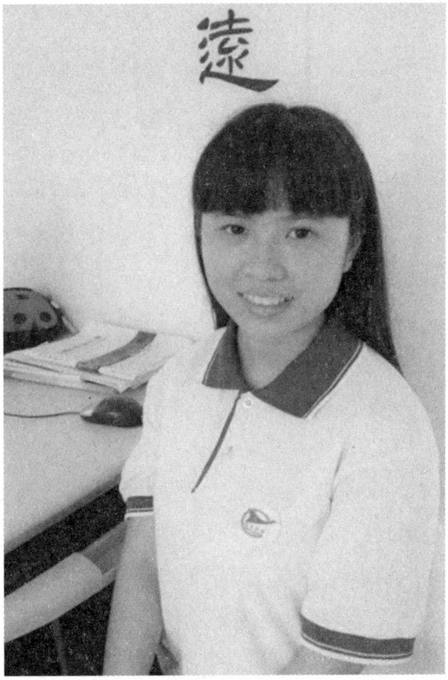

梁孝其

3点30分，裁判团终于出现了。

整个会场顿时安静了下来，安静得仿佛能听到人们“砰砰”的心跳声。

竞赛主办方开始宣布成绩：“一等奖，5号选手梁孝其，佛山市顺德区陈登职业技术学校！”听到这个结果，我和梁孝其高兴地拥抱起来，孝其激动地说：“老师，我可以上大学了！我可以上大学了！”

获得广东省外贸单证技能竞赛一等奖，意味着我们的辅导团队在经历了两年的低谷期后，终于又一次取得了重大突破，这也意味着梁孝其同学获得了免试读大学的机会。

看着她激动兴奋的样子，我也热泪盈眶。

回想竞赛辅导，孝其的认真、努力以及善解人意，让我感到欣慰，这也激励着我更加努力工作，想方设法提高自己的辅导水平，从而实现教学相长。

二、迷失自我

查士德斐尔爵士说过：“目标的坚定是性格中最必要的力量源泉之一，也是成功的利器之一。没有它，天才也会在矛盾无定的迷径中徒劳无功。”

梁孝其是贵州人。小学一至四年级，她在班里默默无闻，成绩一般。上五年级时，父母让孝其上了补习班，小升初时她获得了全镇第五名的好成绩。

入读初一重点班后，由于孝其骄傲自满，学习成绩急剧下降，升初二时因学习成绩不理想而被调到普通班，从此她自暴自弃，成绩大幅下滑，中考时只考到了一般高中的普通班。

由于孝其上了高中后也不努力，考大学希望渺茫，父母便把她从贵州老家带来广东顺德，就读我校商英111班，希望她能学到一技之长，早日就业。

三、寻回自我

看到孝其这种情况，我经常在课下与她聊天，聊她喜欢的明星……我发现，这些轻松的话题使孝其开朗了一些，话也多了起来。

有一天，她跑过来高兴地跟我说：“老师，我要参加学校的活动和比赛，重新找回自我。”

就这样，她参加了学校的艺术节舞蹈大赛，取得了非常好的成绩，这时孝其的眼睛是亮亮的，她找回了自信。接着她又荣获广东大中专学生舞蹈大赛二等奖；随后又毛遂自荐地参加顺德区中职生朗诵比赛，并获得了第一名。

自此，梁孝其深刻地领会到了努力就一定会成功这个道理。

排练舞蹈使梁孝其一个月没有上课，然而她勤学好问，加上老师和同学的悉心帮助，孝其还是在期中考试中获得全班第一名。

带着“努力就能成功”的信念，她报名参加了全国国际商务单证员证的考试，全身心投入考证培训中，并以全班第一名的成绩成功获取单证员证，此后又相继考取了计算机一级证书和英语二级证书。

四、展现自我

每个人都是大海上的一艘船，如果有明确的目标，我们就是在航行，不管风吹雨打，我们终能到达目的地；如果没有目标，我们只能漂泊、流浪……事倍功半，甚至一事无成。

带着儿时的大学梦，梁孝其升上高三后，就读了高职升大辅导班，在第二次月考中考了全班第一名，大学梦的实现似乎指日可待。

可是造化弄人，由于她是外地户口，因此没有在广东省报考大学的资格，也就是不能异地参加高考，梁孝其只能回到商英 111 班继续学习。

不甘心的她听说参加广东省技能竞赛获得一等奖就可以免试入读大学的消息后，果断地报名参加外贸单证技能竞赛培训。

由于她在升大班度过了大半个学期，又错过了商英专业毕业前的综合实训，虽然国贸理论基础比较扎实，但是她的单证技能操作却完全跟不上其他同学，加上其他同学已接受了一个月的培训，孝其与他们的差距更大。

一开始她还踌躇满志，但发现这个差距后，她就有些失落沮丧。每当我出现在培训室时，她就沉默不语。

在培训室的墙壁上，我贴了一份技能培训记录表，并称之为“英雄榜”。

通过英雄榜记录的成绩，可以看到她每次的排名都是第四，也是培训学生中的最后一名。然而，仔细研究可以发现她还是在不断地进步，打字速度一次比一次快，制单、填单的错误也由最初的 20 多个减少到 10 多个，审单方面的错审或漏审情况也在逐渐减少，综合技能稳步提升。

我与她多次促膝长谈，分析了她的优势与不足，鼓励她扬长避短、确定奋斗的方向，她的信心逐渐增强。

在师生的共同努力下，她以良好的心理素质和较强的学习能力获得了参赛资格。

新学期开始了，竞赛辅导也进入了第三阶段。

我带着两名参赛选手到广东省经济贸易学校进行备赛交流，并按照省赛赛题题型进行了一次模拟比赛，孝其发挥一般，国贸理论基础以 20 分之差位居第四，单证技能操作也错误频出，总分位居 4 名选手中的第三名。

模拟赛成绩出来后，她大哭了一场，觉得省赛获奖无望，更没机会升大学了。

她哭完后，我把当年商英 061 班、071 班两位师姐在佛山市英语口语比赛赛前预演时发生的事情告诉了她，两位师姐在那次预演中感觉没发挥好，痛哭一场，但到了正式的比赛时，却分别获得个人一、二等奖以及团体总分第二名的好成绩。我鼓励她不要气馁，提醒她铭记自己的奋斗目标。

之后，孝其的情绪稳定了下来，并继续积极备战。也许由于备赛时间长、训练辛苦，在后期的训练中，孝其产生了倦怠心理，开始花更多的时间观看韩剧，晚上甚至躺在床上用手机看韩剧到11点多，严重影响了睡眠质量，第二天打不起精神进行训练。

为此我单独找她谈话，一再提醒她要向目标奋进。在最后的冲刺阶段，她全身心地投入竞赛训练中，外贸单证技能突飞猛进，并最终以98.1分获得了广东省外贸单证技能竞赛的一等奖。

五、明确的目标是前进的动力

明确的目标是前进的动力，但目标真的那么重要吗?

美国加利福尼亚海岸笼罩在浓雾中，在海岸以西21英里的卡塔林纳岛上，34岁的弗罗丝·查德威克开始向加州海岸游过去。要是成功了，她就是游过海峡的第一个女子。但是经过15小时55分钟之后，她放弃了这次冲击。其实，人们拉她上船的地方，距离加州海岸仅半英里。事后，弗罗丝说，令她半途而废的不是疲劳，不是寒冷，而是在浓雾中找不到目标。

在现实生活中，我们做事之所以会半途而废，其中的原因往往不是因为难度较大，而是觉得成功离我们较远，最终因为倦怠而失败。

而当我们的行动有明确的目标，并且把自己的行动与目标不断加以对照，清楚地知道自己的速度和与目标相隔的距离时，行动的动机就会得到维持和加强，我们就会自觉地克服一切困难，努力达到目标。

梁孝其就是一个很好的例子。她有着非常明确的目标，而每次当她的行动偏离目标轨道时，都能及时调整方向，克服困难，最终能在广东省技能竞赛的舞台上大放异彩。

从梁孝其身上我们可以发现，优秀生并不是生而优秀，成功的背后总是有许多原因的。她成长中的烦恼并不比"后进生"的少，有时还会一个一个地接踵而至。在此情况下，我们必须更新观念，尊重学生个性，坚持"多元智能"人才观，给学生提供多种平台，不以学业成绩为衡量人才的唯一标准，而要以能为社会做贡献，实现自我价值为成才标准，相信学生都拥有成才的可能和条件——百分百成才。

梁孝其就是在我校"成才百分百"教育理念下开花结果的典型!

13 技能大赛让她圆了大学梦

朱琼华

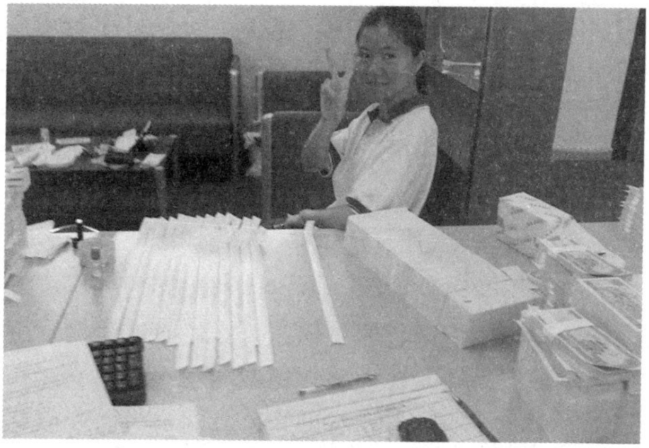

米梅燕

在多年的教学生涯中，总有一些生活片断挥之不去，每每回想起来，都让我感慨万分。学生一届届地走，一届届地来，留下的都是记忆中的精髓，是一段段精彩的影片。

今年是我辅导学生参加会计技能竞赛的第八个年头。学生参加了不同层次的比赛，同时也取得了良好的成绩，并肩训练的日子常常浮现在我的眼前。每年比赛的方式、难度都有所不同，选手的情况也各有不同，作为辅导老师，我们要在业务知识、心理素质、人际交往、沟通与合作等方面辅导学生。这么多年来，学生思想工作方面最让我们省心的是2013年参加比赛的那批学生，她们在省赛中也取得了很好的成绩。这批学生中部分来自我的班，其实她们也并非这届学生中成绩最优异的，但她们都有一个共性——愿意参加，乐意参加，目标明确。其中，米梅燕同学就是一个很好的榜样。

米梅燕是会计102班的学生，记得高一时的她经常披头散发，满脸的桀骜不驯。据了解，她母亲身体不太好，父亲脾气也比较暴躁。后来，我发现她上进心较强，比较有自己的思想，很想读大学，但由于英语基础较差，又不想读升大班。我是一名会计老师，常年在竞赛辅导的第一线，从学生入学开始，我就引导学生规划三年的职校生活，并告诉学生参加全省技能竞赛并取得一等奖后，可以免试入读大学，同时鼓励有意愿的同学好好把握机会，米梅燕听后对会计技能竞赛产生了浓厚的兴趣。

2012 年暑假，我们会计组有三个去武汉参加“爱丁数码杯”技能夏令营的名额，我第一个推荐米梅燕。在征得她家长的同意后，我们一行六人去了武汉参赛，但她的成绩并不理想。赛后，我们一起分析原因：首先她的心理素质较差，比赛时，手不停地发抖；其次，基本功还不够扎实；再次，学习方法还有待改进。

从武汉回来后，我们成立了“会计技能竞赛小组”，我建议她加入。在训练过程中，她的单指单张点钞成绩很好，多指多张点钞和电算化也不错，但由于打传票的指法很难改正，导致她打传票成绩老是上不去，差不多总是最后一名，因此她的压力也越来越大，觉得自己的大学梦不能实现了。为此，我想了很多办法来调整她的心态，例如带着她一起到操场上做运动，与她一起玩一些智力小游戏，请心理教师给予心理辅导等，同时向学校领导反映情况。我们学校对技能竞赛是高度重视的，校长与其他学校领导经常到训练场室问候竞赛师生，及时给予鼓励，最大限度地激发老师和同学的潜力。米梅燕也在学校领导和老师的鼓励、帮助下不断进步。

目标是前进的方向，比赛也是如此，只有在赛前充分分析情况，再结合实际才能制订出合理可行的目标，这样的备赛才会有针对性。为了更好地发挥备赛学生的主观能动性，赛前我让每位同学定好自己的目标，这样老师和同学心中都有了一个方向，明确自己应该朝哪方面努力。米梅燕在大学梦的引领下，一步一步向着目标前进。

常言道“赛场如战场”，要想在比赛中取得好成绩，应该做到知己知彼，才能百战百胜。要想知彼，那就得走出去。因此，每一次比赛前，我们都到兄弟学校进行交流学习。经过交流，指导老师能更深入地钻研专业知识，排除很多疑点，备赛同学也能更清楚地认识到自己的一些不足，从而能更努力地训练。米梅燕也在外出交流的过程中不断增强心理素质。

邓小平曾说过：“不管白猫黑猫，能抓住老鼠就是好猫。”每一次比赛，老师和同学都会付出很大的努力，有的同学很努力，但成绩还是不理想，这往往与训练方法有着很大的关系。拿会计比赛来说，从 2011 年开始，每位选手要同时参加会计、单指单张点钞、多指多张点钞、爱丁数码翻打传票四个项目，既要准确又要有速度，准确和速度都取决于自己平时的训练方法。虽然同样的老师教的方法是一样的，但每个同学都有自己的个性。米梅燕在进行单指单张点钞时，会利用老师的方法结合自己手指的特点，创造出适合自己的方法，并不断地进行调整改进，由当初的 5 分钟点五六把到最后比赛时达到 5 分钟点十五六把的水平，全国选手中成绩最好的也就 5 分钟点十七把。有人说：“成功是一种习惯，失败也是一种习惯。”有时习惯无法改变，但可以用好的习惯来替代坏习惯。简单的事情重复做，就能养成习惯。在平时的训练过程中，我都用这种信念引导学生。

孟子曰：“天时不如地利，地利不如人和。”比赛也是如此，无论哪一类的比赛，只靠单个力量是不可能取得好成绩的，只有依靠团队才能发挥巨大的威力。值得庆幸的是，我们竞赛团队中的老师很团结，做事主动性强，从不计较个人得失，从不计较谁做得多谁做得少，都把竞赛当成是自己的一件大事来认真对待。同学之间也互相帮助、互相鼓励，老师与同学之间也互相信任，像朋友、亲人一样亲密无间。我们在团队的有效合作下真正实现了“人心齐，泰山移”。米梅燕也在有效的团队合作中表现得越来越好，成绩直线上升。

功夫不负有心人，米梅燕在 2013 年广东省中职学校会计电算化技能竞赛中荣获一等奖，并晋级全国会计技能竞赛。

接下来便是紧张且要求更高的国赛集训。根据广东省大赛办的要求，国赛前必须到省赛承办校——广州市财经职业学校参加为期两个月的集训。2013 年 4 月 15 日，我和米梅燕带着学习用具和生活用品到达广州财校参加封闭式训练。集训期间压力大，再加上在集训的四名学生中，她的传票成绩不是太理想，自己在无形中有点没自信了，觉得自己无论如何都很难取得好成绩，还曾多次掉泪。在集训期间，我与她差不多 24 小时都在一起，所以我充分利用时间与她聊班上的同学和事情，聊自己的家人、朋友等，分散她的注意力，帮助她调整心态，以达到让她认真训练的目的，并时时提醒她备赛期间不要想太多，尽自己的最大努力朝着目标前进就行。经过两个多月的朝夕相处，我们师生共同学习、共同生活、共同努力、共同拼搏，最后米梅燕取得了全国三等奖，并被顺德职业技术学院免试录取。现在的她，已经是顺德职院 2014 级会计专业的学生，并担任学生干部，成绩优秀。

参加技能竞赛，使米梅燕由一名普普通通的中职学生，变成一名免试入读高职院校的大学生，从而实现了她的大学梦。这个梦的实现，取决于她执着的目标以及学校领导和老师的精心培养。每位学生都有着不同的闪光点，只要老师能够注意学生的个性特点，因材施教，引导学生树立目标，用心引导，相信每一位学生都是金子，都能发光，都能百分百成才！

14 脚踏实地，步步为营，大赛夺冠

——记广东省第一届中职会计专业学生技能大赛一等奖获得者周飞燕

刘礼菊

从一名普通的中职生迅速成长为台资企业——上海史壮克织带有限公司的会计主管，周飞燕实现了自己职业生涯甚至人生道路上的一次质的飞跃，迎来了人生路上新的发展机遇。

初中毕业以后，在家人的支持下，周飞燕从江西新余老家来到乐从陈登求学。她认为，考大学是为了就业，而读职校一样可以找到合适的岗位，与其郁郁寡欢，终日说什么大志难酬，不如踏踏实实走好脚下的路。

抱着这样坚定的信念，周飞燕毅然踏入陈登职校的大门。从那一刻起，她便告诉自己，这里是一个新的起点，一样可以实现人生目标，只不过需要将自己的人生道路进行一点点调整。课堂上，周飞燕认真学习专业知识，课后勤练技能，很快就脱颖而出，在班里甚至全年级的专业成绩和综合成绩均名列前茅，是07级会计专业学生中的佼佼者。进入职校后的第一个寒假，周飞燕就开始到表姐开办的英语培训班里帮忙。她的工作很简单：接待报名的学员，打印、复印资料，联系上课老师，安排相关上课事宜，同时跟着表姐学习简单的财务处理知识。她每天勤勤恳恳、兢兢业业地把事情做好，希望能为表姐多分担一些、多出一点力。寒假结束时，她不仅深得表姐一家的信赖和认可，而且也学会很多与人打交道的方法，更熟练地掌握了五笔输入法及基础的办公软件操作知识。熟练的电脑操作能力，为她以后使用电脑进行电算化竞赛奠定了良好的基础。

除了专业技能的迅速提升外，周飞燕还很好地利用职中这个大舞台，参加校内各种文娱表演活动、演讲比赛、社团活动……锻炼自己各方面的能力，不断学习如何与人交往、有效沟通的方法。周飞燕坦言，参加各种活动，有失败也有成功，这段时间她渐渐明白，对自己有帮助的不是结果，而是这段经历和过程。

2009年5月，广东省举办了第一届中职会计专业学生技能比赛。当学校决定参加这次比赛时，作为任课老师兼竞赛辅导老师的我，脑海里立即浮现出周飞燕的身影——她扎实的专业知识以及良好的学习习惯，给我留下了深刻的印象。在老师和选手的共同努力下，经过两个月的艰苦训练和赛场上3个小时的奋战，她最终取得全省第5名的成绩，然而她对这次成绩并不满意，对失误的地方懊恼不已。她认为，如果考试时再仔细点，可以考得更好。经过这次比赛的磨砺，她逐渐适应并喜欢上了竞赛团队的协作氛围和训练方式。训练之余，她还主动钻研各个重要及有难度的知识点，甚至能自己出一套较完整的竞赛试题。训练过程中，我们感到很省心，完全不用考虑学生们的思想工作，我们是一个各司其职、分工明确、团队协作、积极奋进的团队。为实现自己的梦想和为以后的职业奠定了一个良好的基础。2010年4月初，她再接再厉，和梁銶琚职中（以下简称銶中）的选手一起组队，代表顺德区参加了当年的广东省中职会计专业电算化项目的比赛。由于是组队参赛，因此需要在銶中和我校各集训一段时间。在我校集训期间，她充分发挥了主人翁精神，在生活和竞赛训练上都给了銶中选手很多关心和帮助。如，主动带她们去吃饭。周末集训时，学校食堂没有饭菜，她主动询问銶中指导老师和竞赛选手喜欢吃什么，然后带她们出去吃饭。或者早上很早起床，主动出去买早餐。晚上训练到很晚时，她会把銶中的选手送回宿舍。这种积极、主动的主人翁精神，赢得了銶中老师和同学的赞扬与认可，也展示了我校学生助人为乐、积极向上、任劳任怨的良好精神风貌。

为了提高训练成绩，外出和其他学校的选手进行交流、PK是一种有效的训练方式。在外出交流的过程中，我校学生扎实的专业知识及良好的综合素质让各交流学校的老师们刮目相看。渐渐地，她们在竞赛圈子的“名气”出来了，大家都认为她们是省赛一等奖的有力争夺者，明里暗里都将她们当作竞争对手。在比赛时，她们与来自全省各市区的2万名会计专业学生中的优秀代表经过3个小时紧张而激烈的奋战，终于不负众望，获得该项目全省一等奖的好成绩！成绩的取得与她们脚踏实地的辛勤付出和对梦想的执着追求有很大的关系。在竞赛训练过程中，周飞燕一直有一个好习惯，即随时带着一个小记录本，分类记录错题，随时复习；遇到不懂的疑难问题，她也会第一时间写下来，和老师讨论，或上网搜索资料，直至问题彻底解决。这种在学校养成的孜孜不倦、坚持不懈、脚踏实地、努力追求上进的学习精神，使她在以后的工作中受益颇多。

毕业时，由于专业成绩良好、综合素质高，周飞燕获得了学校优秀毕业生的称号。求职时，简历上丰富的学习经历使很多公司对她表现出了浓厚的兴趣，纷纷向她抛出了橄榄枝。她综合考虑，最终选择到一家医疗器械公司从事财务工作，她认为这家公司虽然不大，但是在这里工作不局限于某一个岗位，还能全面学习财务知识。在毕业生回访工作中，该公司老板对她的业务能力、沟通能力以及人际关系处理能力给予很大的肯定，并且表示以后有机会还会招聘我校学生。听到这里，我们作为老师也感到很欣慰！

毕业一年后，应朋友的邀请，她决定到上海发展，虽然老板多次挽留，并许诺加薪升职，但是为了实现成为大公司财务主管的梦想，并谋求职业的长远发展，她毅然去了上海。初到上海，她从最基层的财务工作做起。偶尔和我通电话时，她会谈谈财务工作中的困惑，诉说在异乡打拼的不易，她说刚到这家台资企业工作时，很不适应公司严格的企业管理制度，也不适应台资企业严格的管理人员方式，这处处显示制度的"严酷"……她的言谈不乏激愤、想法也略显幼稚，但也可以理解，一个刚20岁的小姑娘，在人才竞争如此激烈的大都市打拼肯定充满了艰辛。除了倾听，在电话中，我也只能客观地对一些事情表达自己的浅见，希望能开导她一二。毕竟，她的心性是坚韧的、行动是坚定的。到最后她也表示，自己并不后悔到上海发展，这些因素也不能阻碍她前进的步伐。往往在这时，她异常冷静地与我探讨生活的意义，进行工作的反思，反而会给我一些感悟和学习的动力。我相信，在这个过程中，她学到了很多书本上学不到的知识，也渐渐学会了忍耐与坚强。

她在空闲时间喜欢去听成功人士的演讲，在一次演讲会上，她听到了这样一句话："学习是成功的加速剂，目标是人生的清醒剂。"她说，这句话对她的触动很大，使她更加坚信：要实现梦想、取得成功，必须多学习，勤奋学习，踏实做好每一件事，向值得学习的人和事学习，坚定地走好每一步，这样就会更接近目标。在这个竞争激烈的时代，她没有迷失自己、没有淹没在各种困境中，反而更加清醒，坚定了自己的奋斗方向和目标，努力规划好前进的每一步，这让我感触良多。我想，这样一个有目标，有行动，能自律、自省，有责任心的员工，就是一块"金子"，是金子总会发光，老板迟早会关注到这块发光的金子。

她到公司工作一年后，公司发展迅速，兼并了另一家分公司。由于出色的工作业绩和勤奋、踏实的工作态度，她被老板派往分公司担任会计主管。在各种猜测中，分公司迎来了这个担任会计主管的刚20岁出头的小丫头。用财务部老同事的话来说，这个会计主管年纪轻、资历浅……一开始她并不被认可。有人认为，老板偏心，甚至有流言说周飞燕能担任这个职位，肯定有"背景"。会计主管是公司管理财务工作的一个很重要的岗位，直接关系到公司的经济利益，这使她的工作面临更大的压力，她对自己的工作提出了更高、更严格的要求。那段时间，她承受了极大的压力，既怕行差踏错，得不到大家的认可，又怕辜负老板的信任。由于背上了沉重的思想包袱，她消瘦了很多，如负重前行的行者。但前路虽然艰难，她仍抱希望，依然坚持。她相信：这是一个好机会——证明自己的机会、实现梦想的机会！她一定要好好抓住，尽全力做好！

工作中，在进行日常账务处理的审核，成本核算以及抄、报税与出口退税和出具财务报表时，她都虚心地主动和各具体岗位的老同事商量，甚至“请教”；与此同时，她也积极和同事们搞好关系，别人不做的事她做，别人休假的时候她加班，能帮助别人的时候，她毫不犹豫地帮忙。路遥知马力，日久见人心！这种不服输的心态和对工作执着、认真的态度，以及她性格中的那份坚毅，逐渐感染了周围的同事，他们也越来越配合周飞燕的工作。渐渐地，她对分公司的业务越来越熟悉，财务处理水平和管理水平也越来越高，慢慢得到了领导和部门同事的认可和支持，她也因此成功地在她的工作岗位上立足了，并一步一步、稳稳地向更大的目标前进！

成功光环的背后，周飞燕付出的努力是常人难以想象的。即使是在担任了财务主管后，她也十分注重提升自己的专业知识和业务水平，经常自我学习和参加培训。在她的带领下，在公司年终总结会上，财务部由于工作效率高、财务人员工作敬业、业务处理出错率低等原因，被评为“年度先进部门”，这一荣誉给了她更大的激励和鞭策。我也相信她未来会走得更远、发展得更好！

15 春招生也有春天

艾　丹

每年的沙盘技能竞赛训练即将开始了，为了更多更好地选拔优秀人才，培养后备力量，上学期末我向教务处申请开设了企业经营选修课程。三周后，学生选课的结果让我大跌眼镜：29 人报名，其中 22 人来自春招班。我开班的热情顿时减退了一大半。春招生普遍文化基础薄弱，往往被认为学习差，更不要说从这里面选拔出人才进行重点培养了，就是完成沙盘基本技能的教学都有可能是奢望。带着失望，我开始了沙盘选修课的教学之旅。

和我预想的一样，教学进展得并不顺利。开课三周，虽说没有调皮难管、顶撞老师的学生出现，但春招生“一讲就懵，一问就傻”的状态让我感到自己的教学是那么的苍白无力。

有一天，课程讲到沙盘三表中利润表的计算。其中最简单也是最重要的一步就是算出销售产品的毛利：假设某企业今年销售了 5 个 P1 产品，销售的收入为 25 万元，而每个 P1 产品的成本为 2 万元，问毛利为多少万元。对于这个问题，我想小学五六年级的学生都有可能算出来，即便他们是春招生，也不至于差到这个地步吧？在耐心地等待了足足八分钟后，愣是没有一个学生把它算出来，有的甚至还摇头说不知道如何计算。

我的老天，我教的是一群什么样的学生啊！“春招生，真差！”内心所想的话在气愤与无奈中脱口而出，但话刚一出口，我就有点后悔了。从教这么多年，我从不轻易当着学生的面谩骂、贬低他们，因为我知道这样很伤他们的自尊，尤其是一群十七八岁的孩子，他们更爱面子。而就在这时，一个身材瘦小、外表文弱、戴着黑框眼镜的男孩站了起来，大声反驳道：“谁说春招生差，是我们不愿意去计算！”“那你说说，这个毛利是多少？”“15 万元。”一个非常响亮的回答。“那假如这个企业今年销售了 4 个 P2 产品，销售收入为 29 万元，而每个 P2 产品的成本为 3 万元，毛利又是多少？”我继续问道。他略微心算了一下，很快便回答“17 万元”，反应倒挺快。“你叫什么名字？”“吴嘉杰！”“你能算出这个不能说明什么，五六年级的小学生都能算，有本事后面难的知识点，你也能对答如流！”我故意激怒他。“能有多难！”就这样，我和吴嘉杰的“较量”正式开始了。

以后的周二选修，他总是第一个来到沙盘室，认真听讲、积极动手操练。画产能表、订购原材料、做第一年的开线报表等这些基本的、入门的沙盘运营技巧我只需讲解一遍他就理解了。的确，他的资质不错，头脑反应灵活，悟性也较高，最重要的是他那股不服输的劲儿让我对他刮目相看，也慢慢地让我改变了对春招生的看法。

10 月底，沙盘技能训练队伍里有两个学生打了退堂鼓，主动放弃训练，回到自己班级。眼看训练队伍缺人，急需招纳新手，并且新手还需要有一定的沙盘基础，能在最短的时间内跟上训练团队，不拖训练团队的后腿，我一下子就想到了吴嘉杰。由于他是春招生，身边就有老师开始质疑了，各种声音都有：“你不能只看到他聪明的头脑，他可是春招生！”“春招学生都能进学校沙盘技能训练队伍，你们沙盘技能竞赛项目选人是不是太随便了？”“你把春招的学生选进去，要是带坏了沙盘队那些好学生，怎么办？”

其实在没有和吴嘉杰“较量”之前，我也和其他老师一样，从来都没有想过会去春招班选沙盘选手。但在选修课上和吴嘉杰这样的春招生接触后，我开始反思自己。

春招生身上可能有着这样那样的问题，但这并不代表他们的全部。也许他们成绩不好，只是因为他们的理解能力有限、学习方法有问题，但他们善解人意、听话懂事、学习刻苦。也许他们学习不佳，只是因为他们还没有找到自己真正的兴趣点和奋斗目标。我们作为老师不应该以偏概全，用有色眼镜去看待他们，甚至连一个公平、公正的机会都不给他们。在经过慎重思考之后，我做出了一个大胆的决定。

我找到吴嘉杰，告诉他学校沙盘队现在需要招收新人，考验期为三周，问他是否有兴趣加入。吴嘉杰瞪着眼睛问我：“老师，我真的可以吗？”“当然，如果你想的话，你不是说过能有多难吗？老师相信你，用你自己的行动与实力向质疑你的人证明自己！”

三周后，吴嘉杰顺利地通过了考验。他上手特别快，虽然只学习了基本的两产品两市场的沙盘技能技巧，但他凭借聪明的头脑和勤奋努力，很快就领悟了三产品三市场的一些运营技巧，并跟上了训练队伍的步伐。

在一次闲聊中我问吴嘉杰：“你这么聪明为什么没有参加中考，而是直接到春招班？”吴嘉杰告诉我，其实凭他当时在初中班级的成绩和实力是可以参加中考的，但因为受不了中考那一年地狱般的生活，感觉生活特别没有意思，整天做题、周测、月考、排名让他感到莫名的烦躁与窒息。恐惧之下，他选择了逃避。但接触到沙盘后，他找到了自己喜欢的事情，也在沙盘的训练中获得了成功的快乐。他感谢老师给了他这个机会，让他在三年的高中生活中找到了奋斗的目标。

区赛在即，除了上一届的两个老队员参赛外，我们还需要从九个新人中挑选出三位参赛选手。我们采用了三轮积分选拔制度，以每轮运营的权益高低排名顺序来积分。三轮的结果下来，吴嘉杰排在了第三名。对于一个中途进来，少了近两个月训练时间的新人来说，这个成绩是何等的了不起，我也感到无比的高兴与欣慰。虽然最后我们考虑到团队成员之间的配合，以及吴嘉杰性格方面还有些需要改进的地方，没有选他参赛，但他在沙盘训练队伍里各方面的表现已证实春招生“一样也有春天”。

如果你愿意相信，愿意给他们注入阳光与雨露，春招的孩子也会让你收获春的绿芽。

16 艰难竞赛路，成就国赛梦

张金菊

主人公简介：

梁玉翠，女，会计2009级1班的学生。继2011年会计专业学生何楚怡获得国赛金牌后，梁玉翠又成了2012年的国赛银牌获得者。

梁玉翠思维敏捷、学习成绩优异、动手能力强，被选为技能竞赛参赛种子选手。她活泼、有个性，有自己的想法。但平时的行为却与众不同，把一头乌黑长发烫染成金黄波浪卷，并且与异性交往过密，这些都让老师、家人担忧，也为后面的竞赛培训带来了意想不到的困难。

赛前动员

2011年6月，国家教育部举办了第一届中等职业学校的财经技能大赛，我校会计专业学生何楚怡同学取得了国赛一等奖的好成绩，在乐从这个小镇里可谓家喻户晓。学校一直非常重视学生的技能竞赛，所以在2011年的7月初，开始选拔下一年度的竞赛选手。通过班主任、科任老师的推荐，每班将有2～3名同学加入训练团队。而玉翠作为入学时的NO.1，肯定是辅导老师的首选。

在动员会上，金牌选手的辅导老师把比赛经验分享给了大家，说得同学们热血沸腾、摩拳擦掌。可会后，玉翠却来找我了。“老师，我可以去参加比赛，可是周末可不可以不训练？”“晚上我可以去训练，可不可以不住宿？”……她问了一连串的问题。其实，我大概知道她周末不想来训练的原因，也知道她不想住宿的原因。

但是作为技能竞赛的训练，项目包括了点钞（单指、多指）、爱丁传票、会计电算化这三大项四小项，每天的训练都安排得很满很严密，首先就是时间上要有保障。其次，技能训练讲究连续性，一天不训练，技能就会倒退1～2天。所以她的这个请求，我实在难以满足她。但作为竞赛苗子，对她要是太严厉，那肯定是没办法训练下去的。怎么办？我先让玉翠跟家人做好沟通，同时也通过电话与其家长交流，让家长了解技能竞赛对学生专业学习的帮助，希望得到家长的支持。令我感到欣慰的是，家长听说参加技能竞赛，就问是不是像乐从新闻里播放的那个“拿了一等奖的同学”那样的比赛。听到老师肯定的答案，家长很开心，表示很愿意支持学校的工作。谈到住宿问题时，家长很支持她在学校住，这样比较安全。有了家长的支持，我们的工作就比较好做了。

第二天，我把玉翠约到鱼塘边聊天。作为带了她一年专业课的老师，共同经历了会计考证的艰辛，我跟她的感情基础还是比较深厚的。聊天的气氛很和谐，我们一起聊未来、谈家庭、说学习、谈男朋友……我深知这个年龄段的孩子都比较叛逆，很多情况我们没法去制止，但可以去疏导，正面的引导会比粗暴地封堵的效果好很多。对于玉翠这个聪明而又叛逆的孩子来说，沟通后的建议比命令有用多了。当聊起家长对其参加比赛的态度时，玉翠还是很在乎的，希望自己也可以像何楚怡师姐那样闻名乐从，甚至做得更好。她志存高远，希望可以参加国赛，为学校、为家人、为自己争光。前面她提的那些参训条件，也因对荣誉的渴望而被暂且搁置在一边。

赛前的动员告一段落，训练选手基本确定。

有惊无险的区赛

暑假期间布置的训练任务，玉翠都有去做，但由于缺乏监督，效果并不是太好。9 月份开学后，我们正式进入常规训练阶段。训练课程从早读课到晚修，都被安排得满满的。

刚开始接触点钞，大家都很感兴趣，前面的几个星期倒是练得不错。只是采用按台式点钞，被钞纸割破手指是常有的事。手割破了，涂上消毒水再接着练。同学们培训中不怕吃苦、受累，让我们这些培训指导老师也很感动。玉翠的手指比较长，点钞很有天分，所以训练的时候比较有优越感，这也使得她训练信心倍增。

传票的训练虽然比较单调、枯燥，但指导老师变换着方式帮大家训练。同学们喊苦喊累，特别是成绩一直上不去、达不到目标的时候，她们甚至想罢工。团队商量之后，决定降低目标，先扎实基础，刚起步时不过分强调分数。事实证明，这种做法是正确的，每达到一个分数阶段后，需要一到两周的时间来进行巩固，最快也要一周才能稳定成绩，之后再进行突破。玉翠还是比较固执，刚开始时用两指，准确率高，速度也快。但让其练五指，她怎么都不愿意。但是到达 200 分以后，两指跟四指、五指的区别就大了。大家成绩都在提升，而玉翠不管怎么努力都只能在20上下徘徊。怎么办？她焦虑，其实老师更着急。商量之后，要求其换成四指、五指，她说不行，好说歹说，终于在最后一周的时间内换成了三指，成绩也有了一定的提升。

电算化的训练难度很大，新增加了购销存的内容，老师不懂，学生更加不会。训练的时候，大家共同研究，一道题用这种路径做不出来，就换另一种路径。或者采用竞赛的方式，看谁先研究出正确的操作路径。当一个同学研究出来时，大家共同分享成功的喜悦。玉翠反应敏捷，操作能力强，在通常情况下，老师稍作指点她便能领会。电算化的操作，她训练得很不错，在一起训练的同学中一直处于领头羊的位置。

虽然我们没有经验，但经过大家共同努力，最终在区赛中我们取得了优异的成绩，玉翠以电算化第一、传票第一、多指第一和总分第一的成绩顺利晋级省赛，而其余两位同学也以第二、第三的成绩晋级。

比较失落的省赛

经历了区赛的选拔，同学们还是很兴奋的。庆功完毕，大家开始了省赛训练。

班上的同学准备去企业实习了，每个女孩都打扮了一番，玉翠也不例外。周一回校训练时，她的指甲涂红了，头发也染黄烫卷了。一大早刚走进校门，她就被值日行政逮个正着。玉翠还“义正词严”地说自己是高三学生，而且是竞赛学生，要准备参加省赛的。她当时没觉得自己这样做有什么不妥。最后，值日行政告到了辅导老师那里。经过几个辅导老师的劝说，她在训练时也发现指甲有颜色会影响点钞的准确率，于是同意把指甲颜色去掉。至于头发，她怎么都不愿意弄回去，说准备过年了，要打扮得漂亮一点走亲戚。最后我们达成的协议是：期末和寒假她可以先不整改，但下学期开学初必须染黑头发才能回来训练。

省赛的训练依旧，不可否认的是，玉翠的潜力还是不错的。电算化的学习经过了三个多月的摸索，基本操作她已经熟悉了，知识点也掌握得比较扎实。每一次的小测试，她的成绩都比较稳定。传票的训练原来是三指，她痛下决心换成了四指，成绩提升也很快。点钞稍微弱一些，但综合实力在三人中是最好的，这在与外校的交流赛上，也可以体现出来。

4月底，她满怀信心地走进省赛赛场。第一场是上午的会计电算化，比赛结束后，情况不太乐观：这一次的出题思路不像之前训练的那样，业务内容多，且购销存的内容没占那么大的比例。形式的变化让她在操作时有些紧张，但最终还是完成了。我们及时安慰她，让她不要有太多顾虑，要相信自己，同时也让她摆正心态，迎接下午的比赛。

下午第一场比赛是传票，她打出了平时训练都没有达到的成绩，属于超常发挥。而点钞虽然出现一丁点儿失误，却还是在意料之中，对成绩影响不大。

公布成绩的紧张时刻到来了，所有同学都待在休息室里不肯去听成绩。最后，我们还是鼓起勇气去面对：玉翠第九名、敏华第十一名、瑶瑶十五名，都是二等奖。每个同学都很沮丧，因为没有拿到自己想要的成绩。特别是电算化的成绩，没有达到预期值，成绩都不高。其实，这个结果多少是受了企业技术人员的影响，说凭证编号可以默认，而比赛时的评分标准却很苛刻，只要一个地方错就全部不得分（这是在后面的国赛集训时得知的）。就这样，我们的选手被“坑”了。不过事后反思却发现，竞赛是服务于教学的，只要做到“以赛促教”，就可以了。

后面裁判长的一席话，“根据省教育厅的规定，前十二名的同学将进入国赛选拔，最终前四名进入国赛”。高兴的是，玉翠和敏华有幸进入一个月后的国赛选拔。

欣喜的复活赛——国赛选拔

省赛结束后，同学们回到了学校，三个手工赛队员和瑶瑶将出去参加社会实践，敏华和玉翠留在学校准备国赛。原本完整的一个团队，到最后只剩下辅导老师和两名同学，往日的欢声笑语也少了许多。

因为省赛成绩的影响，两位同学斗志不强，训练的效果不是很好，玉翠甚至有了退出选拔赛的想法。经过与家长的沟通交流，也让外面实习的同学经常给她们电话，鼓励她们。我则天天陪着她们，给她们鼓劲儿，希望她们坚持下去，让她们相信，只要努力过，就算失败也不后悔。同时，我也让她们放松心态，用平常心对待就可以了。

也许是没什么压力的缘故，在赛场上玉翠心态很放松，技能的发挥也很出色。最终，她以电算化第二、总分排名第二的成绩代表广东省参加 2012 年全国中等职业学校财经技能大赛。

这真是峰回路转，玉翠的喜悦也溢于言表。将有两次机会踏上齐鲁大地，这对于还没出过省的她来说，能出去是最开心不过的了。

艰难的国赛

选拔赛后的第三天，省大赛办安排辅导老师和选手在山东潍坊商校进行赛前交流。据说这次交流活动规模大，参加的职校多，并且都是知名度比较高的职校。对此，我们很高兴，并提前去熟悉赛场。第一次离开家人，第一次出省，第一次坐飞机，第一次与省内的老师、同学一同出行，玉翠显得很兴奋，其他的几名选手也很激动。

在交流赛上，由于心情好，所以她发挥得也很出色，上午的电算化排名第二，这使得玉翠满怀信心，只是下午的技能竞赛让她有些失落。单指点钞的差距还不是很大，多的 14 把，而玉翠正常发挥可以 12 把，努力一下可以达到 13 把。多指就差得很远了，快的可以 20 把，而玉翠最快也才 14 把多。怎么办？未来的一个月压力很大啊。同样，传票的差距也不小，最多的有 480，可玉翠的最高纪录也才 368，看着她一脸的沮丧，我明白她是深受打击了。当然，她最后的总分排在了第五，是一个不错的成绩。于是我顺势开导她："我们不能要求样样比人强，但我们有电算化的强项，技能还有一个月的提升，只要有信心，肯定可以取得好成绩的。"

从山东回来后，封闭式的集训就正式开始了。2012 年的集训场地被安排在广州市财经学校的太和校区，即省赛赛场。学校环境优美，给竞赛学生和辅导老师提供的食宿条件也都比较优越。有了新同学、新的团队辅导老师，选手们似一只只燕子般雀跃不已。四个小女孩性格都比较开朗、活泼，大家相处得很融洽。她们聊生活、聊未来……为了做到劳逸结合，每天都安排了运动时间：打篮球和羽毛球，去运动场散步、跑步等。大赛办还定期发放一定的生活补贴，给选手补充营养。

一个星期过后，新鲜感没了，接下来的是对家乡和亲人的思念。对玉翠来说便是离开家乡后没有了以前的自由，也不能跟朋友相聚，这对于性格活泼又热爱自由的她来说是再难熬不过的了。加上白天训练时，有一位辅导老师在训练传票时想以"重复训练一组数"的方式看看能不能检查出每位选手的不足之处，虽然出发点是好的，但连续打了三遍之后还是激起了几位选手的反感，越练就越差，甚至跟辅导老师玩起了对抗，接下来的两天她们都以消极的态度对待训练。

对选手来说，国赛集训的每一天都很关键，这种状态很不利于训练。负责人立刻采取了措施，让心理老师对她们进行疏导并找出原因。每人都用半天时间到心理室摆心理沙盘，找目标发泄情绪。之后，心理老师跟我沟通：①玉翠离开家那么多天了想要回家；②与男朋友有诸多事情，太久没见面了怕分手；③训练效果不是很好，对于一直要强的她来说，在这里没有了优势，自信心开始下降，心理压力很大。

知道原因以后，我告知以前一起训练的其他指导老师，让他们通过电话多鼓励玉翠；让曾经与玉翠一起奋斗过的“战友们”多与她联系，说说以前训练时的开心事，以舒缓压力。在放学后，我约她到运动场散步，并深入了解这段时间的生活情况，并告诉她：对于男朋友的事，这段时间就是最好的考验，如果说连参加国赛这么重要的事情都不支持、都不能等的话，那这个男人也不值得去付出。而训练压力方面，要学会去缓解压力，不要给自己定太高的目标，要把目标细化到每一天。每天朝着小目标去努力，只要专心训练，巩固好操作，争取技能在稳定的基础上有所提升就行。

谈话之后，玉翠的心情好了许多，后来学校领导来集训学校看望我们，这让她坚定了比赛的信心。

国赛前的最后一周，我们再次前往山东，稳定好心态准备迎战。为了有饱满的精神状态去参赛，赛前我们做好了一切准备工作，学校科组长的到来，给予了她莫大的鼓励。在次日的赛场上，第一场传票，广东队的四名选手都有失水准，成绩跟平时有很大差距。中途我们抽空告诉选手们，要调整好心态，准备下一场比赛。第二场的单指、多指，她们发挥了正常水平。中午吃完饭后，玉翠肚子不舒服还拉了肚子，很疲惫，吃了一些药后她便走进了赛场。经历了紧张的三个小时，玉翠出来后便病倒了，还有些低烧。可以想象这三个小时对她来说有多么艰辛。

晚上知道成绩的时候，她很镇定，技能的差距决定了今天的成绩。虽然没有拿到梦寐以求的一等奖，但玉翠已经尽力了，没有遗憾。我本来想安慰她：一路走来一波三折，吃了很多的苦，甚至流了许多汗水和泪水，好不容易到了国赛，也取得了不错的成绩。她却反过来安慰我说：她的成绩让我失望了，为了这个比赛要让老师离开家、离开才 1 岁多的小孩陪着自己参加训练、比赛，她真的很感动。她让我别难过（其实我知道她更难过），很感激一路走来有我的陪伴，感激我对她的精心指导，感激我充当她的按摩师，感激我在她生病的时候日夜照顾。这一刻，我知道，在经历了这么多困苦和挫折后，玉翠已经慢慢长大，学会了去努力、去面对，懂得了感恩，也懂得了为他人着想。

我相信，这些经历在她以后的人生中比什么都重要！

17 从平凡到省赛领奖台

——记广东省外贸单证技能大赛三等奖获得者覃家园

彭晓利

“今年还带竞赛班吗？学生找好了吗？”

“带呀，选了商英班的覃家园！”

“哦？我带过这个班一学期，好像没什么印象哦！”

“啊？……”

怎么会这样？心里开始有点担心，我自己没有带过该班的课，对学生不是很了解，就更没有发言权了。一般情况下，老师总会迅速认识班上学习成绩好的或者调皮捣蛋的学生，这位老师一点印象都没有，看来真是……心中有种不好的预感。

就是这样一个平凡的女孩，一个让教过一学期课的科任老师都没有印象的女孩，就这样被选进了我们广东省外贸单证竞赛的备赛小组。

9月的一天，广东省外贸单证竞赛组队开始培训，一个剪着齐刘海、留着妹妹头的女孩走了进来，初次见面会觉得这孩子很单纯，也很普通，可当她抬起头的那一刻，我觉得这就是我的“菜”，那双圆圆黑黑的眼睛让人忍不住多看几眼，可能这就是缘分，我们迅速地经历了磨合期。

我们的竞赛要经过7个月的准备，因为被区教育局直接指定参加省赛，所以老师和学生的压力也更大一些，这是上级对我们的信任，更是不容有失的竞赛。外贸单证竞赛分为三个模块：国际贸易理论、外贸审单和外贸制单。学生也是刚刚在上个学年结束了这几个模块的学习。为了更好地了解学生，我问了几个简单的国贸问题之后，便瞬间无语了！他们几乎忘得一干二净，一切都要从头、重新开始了。

经历了7个月的白天辅导、晚上辅导、周末辅导的日子，我们终于在4月份参加了广东省外贸单证比赛，顺利完成了任务，覃家园获得了广东省外贸单证三等奖的成绩，虽然只是三等奖，但其中的艰辛、困惑以及收获也只有她自己知道。还记得学生刚开始做题时，第一次外出交流时，我们和交流学校交换试题，同样的150道理论题，外校学生低的也有120多分，而我们的学生最高的也只有110多分，家园则只有90多分。还记得成绩刚一出来，家园的脸色就变了，可见平时再怎么鼓励，都不如一次刺激。回校之后，学生们都明白了自己和对手之间的差距，在后期的交流中，她们的成绩一次比一次好，每次都有一些进步。特别是家园，和外校参赛选手的差距越来越小，她有时还故意做错几道题目，说是为了迷惑“敌人”，多么可爱的女生呀！

作为竞赛老师，我们眼中的学生更多地侧重于本省竞赛，虽然和学生常常聊天，但还是不能完全走进学生的心里。后期，学生做了自己的总结，我们可以看看学生的总结，从学生的角度去体会这次竞赛给学生带来的感受：

覃家园外贸单证竞赛总结

时间过得那么快，比赛差不多结束一年了，很多事情还历历在目。还记得陈登职校在校园技能节上举办的校内外贸单证员技能比赛中，我很意外地得到了一等奖。不久之后，老师问我是否想参加广东省外贸单证的比赛。因为想提升自己，想在学校的最后一点儿时间内做一些有意义的事情，我答应老师挑战一下。

记得我第一次接触外贸单证竞赛的时候，已经是单证员考试半年后了，知识几乎忘得一干二净，Penny老师问的最简单的贸易术语，如FOB术语、CFR术语、CIF术语的基本性质我都忘光了，支支吾吾回答不上来。看着老师有些失望的眼神，我自己都觉得不好意思，可老师还是没有多说什么，而是和我们一起制定了训练计划。我看了计划，都是从最基础开始的，心里也觉得还需要多加练习，下次老师测评时才不会太差劲。

从那时起，我们从合同、贸易术语学起。训练刚开始的时候有点儿吃力，很多时候会因为一两个词语混淆而弄不清楚，例如FOB术语的变形与CFR术语的变形，我用了很长一段时间才能区分开来。制单方面，打字速度也是让我头疼的一个环节，信用证都要用英文大写，写着写着总感觉哪里出了问题。每天训练打字速度和看书，自己做笔记，都有固定的训练内容。比如，每天早上完成两个信用证，下午再看两节课的理论书。当时有两个伙伴和我一起训练，做题或者打信用证都要拿手机来记录时间，做完后老师还要抽查，然后逐题给我们讲解。每天看书后要自己做笔记，有不懂的内容就去问老师，或者几个人一起先讨论，再不会就查查百度，这样比在学校上课时的印象深刻很多。

培训的中期，每天有越来越多的练习，做题、评讲、看书，每天都要重复这些环节，蓦然回首，才发现之前考单证员的试题有多么简单。这也代表着我们每天的努力，让我们进步了很多。我到现在才发现，其实考单证员证，我们学得还很片面，不够深入，似懂非懂。而参加技能比赛的培训，我们不仅要深入地去探讨，而且要细心再细心。因为训练的材料很少，老师还买了几本书让我们去练、去看。国际贸易部分有很多被我们忽略的重点，也会在试题中出现，所以我们把书本看了一遍又一遍，书本划了又划，笔记也做了好几本，已经达到那种一想起某一个专业名词，就知道它在哪一章哪一节的程度。在这期间，老师也带我们出去交流了几次，我印象最深的是第一次，自己理论只得了 90 多分（满分 150 分），其他竞赛学生都是 120 多分，这让我觉得很难堪，也受到了极大的打击，回来后偷偷地哭了好几次，我下定决心好好学习，就是为了以后不再出丑。后来，我们又出去交流了几次，成绩也越来越好，有几次我都怕暴露实力，偷偷地做错了一些题目，就想着能让老师和对手低估、轻视我，到时候再一鸣惊人！

培训的后期，每天的训练强度已经不是我们能想象的了，晚上、周末都被老师们“充分”利用起来，在我看来，那是紧张、刺激的一段时间，老师已经开始把最难、最不常见的信用证找出来给我们研究。可能是离比赛越来越近了，我们一整天坐在培训室，动也没动过。如果一天的训练任务没完成，我们还会把书本带到宿舍，熄灯后，由于怕影响别人休息，就偷偷拿着手机开着灯光去看、去做。到了最后，那些外贸单证我觉得个个都见过，因为每一份单据、每一个需要填写的空格，我都烂熟于心，只要看清楚信用证的要求，填写内容就可以了。现在想起来，只要你能理清思路，够熟悉每一篇合同与信用证，就能轻松地完成一份单据，觉得当时的自己真是帅呆了！

比赛的前一天，我们还会因为紧张而睡不着。不可避免地，在比赛过程中我们还是有些紧张，比赛中也出现了一些我本不该有的失误，因为书写速度不够快，致使最后我只得了三等奖，说实话，我对于这个结果不是特别满意，应该可以做得更好一点的。在分析失误原因时，我发现自己给自己的压力太大了。但不管怎样，我还是很享受培训的这段日子的，那种冲劲以后应该很难找回来了。

其实参加这个培训，对我以后的工作是很重要的。现在，我在顺联北区上班，卖家具饰品，每天接触不同国家的人，其实也挺好玩的，每当与客人成功谈成一笔买卖，我自己就相当有成就感，特别是当外国人把你当朋友看待的时候。工作，就要踏实一点、虚心一点。

前段时间，我回了学校一次，回到了熟悉的培训室，跟现在竞赛的学生待了一整天，教她们外贸单证的流程，跟她们讲了我的心得与注意事项，其实真的很想回到那些与伙伴竞争，与老师研究、探讨的日子。最后，我要感谢老师的教导，感谢伙伴们的相互陪伴。

后记：一个不被科任老师记得的普普通通的中职生，通过自己的努力，经过几个月的辛苦训练，取得了广东省级别的奖项，虽然有老师的辛苦付出，但更取决于学生的那份执着和坚持。从学生身上，我们感受到没有任何一个学生是普通的，每一颗种子都能开出鲜艳的花，覃家园这颗可爱的种子，就从平凡的座位走上了省赛领奖台。

18 慢鸟亦可高飞

黄莉萍

近些年，我陆续辅导了几届学生组的手工会计技能竞赛，孩子们都挺争气，从顺德区区赛到广东省省赛，每次都能拿个不错的名次。不少同行以羡慕的口吻对我说："你们的选手可真棒，肯定个个都是基础好、反应快、动手能力强的学生吧?"对于这种说法，我都笑而不语。殊不知，作为一所镇级的职业学校，我们的学生绝大部分来自本镇，他们大多是中考的失利者，被普通高中拒之门外。更重要的是，会计技能竞赛的备战过程往往是漫长且艰苦的，训练至少要八个月，更有甚者长达一年多。在这期间，基础和资质虽然很重要，但决心和毅力比前者重要 100 倍。这个道理，在 2014 年省赛二等奖的获得者邓倩霞同学身上得到了最有力的证实。

2013 年 9 月，在科任老师的推荐下，我从高三会计专业的学生中挑了十几个基础不错的学生，进入初选名单。经过几轮专业知识考核和筛选，我选中了余惠仪、邓倩霞、陈锦萍三名同学作为种子选手，并留下了三位成绩也不错的同学作为第二梯队用以陪练。初期来看，这三名同学中专业知识最扎实的是邓倩霞，她做题细致，很少出错；另两名同学的专业知识则稍弱，而且不够细致，讲过的题目容易反复出错。所以，我毫不犹豫地把邓倩霞设置到竞赛中最重要的岗位：会计岗。可训练进行到中期，我发现之前的判断出了问题。邓倩霞平时的学习基础是不错，但技能竞赛考核的知识点比之前更深、更广、更灵活，这时她的短板就充分暴露出来了：她活用知识的能力较差，牵引能力较弱，讲过的题型她也许不会出错，但一出现新题型，她就无法灵活判断，不敢下手。另外，她的电脑操作非常差，双手协调能力很弱，第一次测试打字速度，她一分钟只能打出十几个字！计算器和小键盘的敲打速度在六位同学之中也位居倒数。手工会计是一个团队竞赛项目，会计岗位又是重中之重，她的不足渐渐拉低了整个团队的成绩，在日常的模拟测试中，竟然被第二梯队反超了两次。

训练进程日益紧迫，还有两周就到区赛报名的截止日期了。余惠仪、陈锦萍的综合成绩比较稳定，理当进入选手名单。可邓倩霞呢？竞赛指导老师在犹豫不决，团队其他两位成员也担心怀疑，而第二梯队的选手又在虎视眈眈。面对这种局面，内向的邓倩霞变得更沉默了。我很担心这种沉默会让她消沉甚至退缩，于是寻了个时机找她私下谈话。我指出了她的长处和不足，认真分析了赛制与当下的竞争局面。邓倩霞始终一言不发，只是默默地听我说，偶尔点个头小声"嗯"一声。性急的我实在忍不住了："邓倩霞！辛苦了这么久，你一定是想参加比赛的。马上就要报名了，你今天说什么都要表个态！"邓倩霞终于抬起了头，涨红着脸发话了："老师，我不敢保证结果，但我一定会用尽全力！"她声音虽小，却铿锵有力。

过了两天，恰逢我午休值日，中午一点时，我经过本该空无一人的竞赛训练室，听到里面隐约有些声音。推门一看，邓倩霞正坐在电脑前练习打字！她看到我，脸一下子就红了，支支吾吾不说话。我走到她身边，看了看打字软件的训练记录，惊讶地发现：从十天前起，邓倩霞就没有再睡过一次午觉，而是独自一人坚持在训练室进行至少一个小时的技能训练！打字、小键盘、计算器翻打这些基础训练项目，她额外增加了至少半个小时！功夫不负有心人，她的打字速度从 20 个字/分钟，进步到 40 个字/分钟，传票翻打也突破了 200 分。这些成绩对于其他人来说可能是很容易做到的，可是对于一个经济困难、家中没有电脑的学生来说，邓倩霞已经突破了自己的极限。原来，这就是邓倩霞所说的"我一定会用尽全力"。我想，我知道该如何选择了。值日归来，我郑重地在区赛报名表上填上了"邓倩霞"的名字！

与此同时，在她的带动下，余惠仪和陈锦萍同学也开始了午休的加时练习，三个人一起努力共同进步，技能水平得到了很大的提升。凭借三人锲而不舍的刻苦训练，余惠仪、邓倩霞和陈锦萍在 2013 年 12 月的顺德区区赛中拔得头筹，取得了 2014 年参加广东省省赛的资格。

参加省赛意味着我们面对的竞争对手将会更加强大，竞赛试题也会更为艰深，会计岗位将会承担更多更难的计算和制单。基于这些变化，我们原有的岗位设置可能会出现漏洞：邓倩霞的慢速度是一个短期内不可扭转的弱势，远远不能应对省赛的强负荷，我们必须让速度更快的人来承担会计这项职责。因此，我计划把原本作为出纳的余惠仪和邓倩霞做一个对调。这种调整，从某种程度上来说，是把邓倩霞由最重要、最核心的会计岗位调配到了处于辅助地位的出纳岗位，心理上一定会有落差。她，会接受吗？

我找来邓倩霞当面长谈。内向的她依然是低着头静静地听我分析，不多说一句话。我忐忑地望着她："你对这种调整有什么想法？大胆说出来，没关系。"她微笑而坚定地对我说："老师，没事的，我知道你是为了整个团队好。团队赢了，我才能赢。我会把出纳岗位做好的。"

果然，邓倩霞实践了她的诺言。出纳技能虽然比较简单，但难在“细”“专”“烦”，有大量的票据填写和烦琐的数据计算。每次碰到没见过的出纳单据，她都会拍照记录，并打印出来粘贴在自己的笔记本上，时不时翻看巩固，熟悉填写要点。出纳分值虽然少，但难在一点儿都不能错，一分都不能丢，必须保证100%的准确率，不然就会影响主管的审核分和会计的制单准确性，正所谓一损俱损，责任重大。因此，她给自己定的标准非常高，不论是单项练习还是团队合作，她要求自己必须拿到满分。若有失分，她一定会找时间把题目重新做一次以确保毫无漏洞。此外，只有邓倩霞的出纳工作完成之后，才能抽出时间全心辅助余惠仪，这对她的速度也提出了一个更高的要求。为此，邓倩霞的午休训练项目设置为专攻计数练习和传票录入，在备战省赛的两个月时间里，计算器键盘敲松了两部，传票本翻烂了三本。我为她专设了六套出纳岗位专训题，她每套至少做了十遍；她还在图书馆借了好几本关于出纳实务操作的书籍进行巩固训练。

当然，邓倩霞扎实的专业知识依然是这个团队获胜的一个强大法宝。在团队训练过程中，我肯定了邓倩霞的重要地位：余惠仪若在做题过程中出现疑问，一定要好好和邓倩霞商量，以确保准确地完成竞赛试题。比赛中如果出现争议，就以邓倩霞的答案为准。基于这项安排，邓倩霞在训练过程中，始终没有忘记“团队理论顾问”这个重要职责。除了出纳技能之外，她对会计理论也钻研得非常深入。她对新知识和新题型的领悟速度确实有点慢，往往是余惠仪和陈锦萍已经听懂放学去吃饭了，她还在训练室慢慢研究、整理思路。别人也许是一分耕耘一分收获，但她为了这一分收获，可能要付出十分耕耘。每次讲解竞赛题，笔记最厚最详尽的是她，错题整理最及时的也是她。八个月的训练下来，她积累了三个错题本，其中虽然也有一些错了又错的题目，但据我观察，她对新知识点最多会疏忽三次，三次之后将不会再出现错误。更难能可贵的是，她和队友在讨论试题时，从不藏私，虽然变成了“配角”，可她依然为“主角”和整个团队贡献力量，发光发热。

人们常说，成功是百分之一的天赋加上百分之九十九的汗水。可对于邓倩霞这样的孩子，也许她连百分之一的天赋也没有，可她仍会付出全部的努力去追求成功。最终，在2014年4月12日广东省技能竞赛学生组手工会计项目比赛中，我们这个团队获得了二等奖的好成绩！看到邓倩霞露出那害羞的微笑，我深深地为她骄傲。这不禁让我想起邓倩霞竞赛笔记本扉页上的第一句话：“虽然我飞得很慢，但我一直在努力！”

是的，只要我们努力，职校的小鸟亦可高飞！

19 幸福的美酒

范水英

幸福来得很及时，当我正处在教育事业的疲惫期，感觉不到职业教育的成就感和奋斗目标在哪里时，幸福就突然降临了。

那是2011年4月的一个晚上，我们刚刚完成顺德区电子安装与调试技能竞赛，身心俱疲。我和朋友吃着饭，讨论有关职业教育的话题，话语中弥漫着阴霾，感受着职业学校教师的无奈和迷茫。正在这时，一个学生打来电话，但听说我在和朋友吃饭，他就挂了。让我感到意外的是，他随后发了一封情意浓浓的长信，让我感受到前所未有的欣慰，在此我乐意和大家一起分享：

"老师，不要喝太多酒，喝多了伤身。你一会儿不要开车，要让朋友送到家，注意安全!"当时，由于我多喝了几杯酒，看了这条短信，身体里的血液在酒精的作用下完全被激发，我无法控制幸福的泪水，哗哗地往下流。身边的朋友对我说："这烤鱼有这么辣吗？要不再重新来一份？"我在心里对朋友说，这样幸福的味道，多来几份该多好!

"老师，刚才给您打电话的时候，有个女孩子在我身边，她问我给谁打电话，我就告诉她了。我述说了两年来幸福的竞赛生活，她也感受到了老师的爱，她说您对我很好。回家后我一直在想，她说的没错，老师您从高一到高三一直都对我很好，不但培养我的专业技能，还教育我如何做人。"

"有一次，我无意中说到想吃甘蔗，不久您就买回了甘蔗给我，虽然隔了一段时间，但您没有忘记，我也能理解老师您的用心，因为竞赛培训的同学那么多，您不可能只考虑我一个，但这已经让我感受到爱的温暖。"

"老师，在职校时您培训我们参加竞赛，那段日子紧张、充实，至今难忘。您表面很严肃，但处处都透露出平和的气息。您有慈父般的严厉，也有慈母般的关爱。当我们在培训中贪玩时，您虽生气，但也只是幽默地责备我们，我一点都不介意，因为我知道您并无恶意，同时也感受到了您负责竞赛任务的压力，您希望我们有好的成绩，让我们有出彩的机会。当时我们几个人都有冲出顺德进入省赛的想法和动力，以争取更好的成绩回报老师您给我们的爱。"

“老师，您也知道我们的竞赛培训很辛苦，您总是会找机会来调节我们的情绪。有一次，您带我们四个同学乘公交车到南海去玩，请我们吃焖鹅，我吃饭吃得慢，到最后，好吃的都所剩无几了，您看见后又为我点了一道菜，让我感到无比的幸福。想起老师您平时对我的关爱，想起老师您为我做的点点滴滴，我身体里的血液就会产生波动，感激之情油然而生。”

“老师，您有一次听说我们晚上 11 点还出去买面包，就骂了我们，因为您担心我们的安全，我知道您的责任重于泰山，因为幸福是建立在安全的基础之上的。”

“老师，您最了解我们长身体阶段需要什么，那就是能量，每次晚修加班培训的时候，您总给我们带好吃的，因为我们真的饿得很快，嘴巴真的很馋。”

“老师，您知道吗？培养一个人的自学能力很重要，在培训的时候您给我们安排了任务，允许我们上网收集资料，当然，条件是我们自觉训练。您总是鼓励我们要大胆地去尝试新的东西，不要怕失败，不成功也没关系。我们同学之间合作得很愉快，我很感谢老师您给予我们空间，这样的培训过程让我找到了自信，因为我的思维能力和操作能力在同学之中是最强的，可我当初却没有发现自己有这些优势，是您让我认识到了这一点。”

“我的表现，老师看在眼里记在心里。在竞赛工具方面，只要是我们需要的，您就去领导那里努力争取，尽量满足我们的需求。比赛结果出来了，虽然我得了 85 分，排名第三，但没能进入省赛，这让我很失望、很不满意。”

庞林峰

“老师，我知道您也很不满意，但您却一句责怪我的话都没有，我唯一感受到的就是关心、鼓励，还有您亲切的笑容，我的心里顿时温暖了。老师，我们没有为陈登职业技术学校争得更多荣誉，有点遗憾，希望我们电子技能竞赛小组今后还有机会。”

“老师，您那晚的话语就像是对亲人说的一样，您对我的关心体贴就像父母一样，想到这一切我的眼泪就流了下来，我读书十一年，对我好的老师也有许多，但您是当之无愧的 NO. 1！”

"老师，我想到校长在毕业典礼上问过一个问题：有多少学生向老师说过一声'谢谢'？在我心中您永远是我的老师，我永远是您的学生，我只想说一句话：老师，感谢您！我还要感谢我身边这位女孩，她让我回忆起了在陈登学习、生活时最值得追忆的事情。"

这位让我倍感温暖的学生就是机电 081 班的庞林峰，高一入学时，他以总分全班第一名的成绩受到了老师和同学们的关注，他个性阳光、聪明伶俐、能说会道，偶尔也有一点儿小调皮。在学习上，他一直是其他同学的榜样：上理论课，他专心听讲，积极回答问题，课后还经常和老师探讨一些更深入的话题；上实训课，他喜欢动手，经常比其他同学先完成布置的任务，然后协助老师去帮助和辅导动手能力较弱的同学。这样的好苗子，在当前的职业学校真是凤毛麟角，能够遇到他，也是职业学校老师的一大幸事！

这样一匹千里马，一定有用武之地，正所谓"英雄惜英雄"，当顺德区技能竞赛选拔人才的时候，我这个"伯乐"第一个就选中了他。

电子产品装配与调试竞赛的培训对大部分学生来说是很艰苦的。训练的时间主要安排在下午放学后、晚上和周末，每天的任务都安排得满满的。训练的项目很多，主要有：元器件的识别与检测、焊接训练、仪器设备的使用、产品安装与调试、用 Protel DXP 2004 软件绘制电路原理图和 PCB 板图等。培训老师与训练的学生朝夕相处，我们把他们当成自己的孩子，在日常生活中，尽自己所能照顾他们的饮食起居；在训练过程中，严格要求他们。经过几个月的训练，同学们的技能水平不断提高，师生、同学之间的感情也越来越深，有着枯燥的训练任务和比赛的压力，更有着点点滴滴的温暖与幸福。

庞林峰

残酷的训练和比赛，最能够锻炼选手坚强的意志和良好的心理素质，经过一轮又一轮的淘汰赛，从二十多位选手中选拔出了两位精英参加顺德区电子产品装配与调试技能竞赛。庞林峰是我们的一号种子选手。在高手云集的赛场上，他沉着应战，最终取得了顺德区第三名的好成绩，我们对他的表现是很满意的，但是他自己并不满足，因为他的目标是第一，是进省赛！

毕业前，庞林峰在乐从镇紫荆南苑格力空调专卖店顶岗实习，我路过那里的时候经常进店看望他。我们共同展望未来。他说，他就是喜欢机电这个专业，现在趁年轻，做做销售工作，主要是多和客户打交道，了解市场动向，积累一些工作经验。以我对他的了解，他不可能一直打工的，无论他选择哪一条路，我都是非常相信和支持他的。

半年后，他应征入伍，在入伍前，他邀请我和四位老师共享幸福的美酒。是啊，不知不觉中，他已经成年了，我们用杯中酒为他送行。

之后，我们“失联”了。

2013 年 12 月的某个下午，一个熟悉的面孔出现在我面前，调皮地问我：“老师，还认得出我不?”

“废话！小子，退伍了？去部队锻炼了两年，更有男子汉气概了呀!”

“是呀！回来后第一件事就是回学校看看，今晚有空吗？咱们好好喝两杯!”

“你们当兵的酒量吓人，我怕你啦!”

“哈哈!”

那个夜晚，他分享了自己在山东某部队的军旅生活，我感受到了他的成长，感受到了军人的正气，感受到了青春的激情。他说，在部队最辛苦的就是急行军——背上背包，一走就是好几天，停下来就想躺下睡觉，可又累得睡不着。他说，“钓鱼岛事件”期间，时刻都是备战状态，枪不离身，听到集结号就紧张得要命。他说，跑步的时候，跑在后面比跑在前面更累。有一次自己掉队了，拼命往前追，看到前面的人在休息，心想到了那里就可以一起休息，结果人家已经休息好接着跑了，所以他只好跟着继续跑，经过了那一次体验以后，每次跑步他都努力跑在最前面。

是的，我相信你一直都会跑在最前面，你是我心目中的千里马，你精彩的人生之旅刚刚开始，你的事业、爱情刚刚起步，我在杯中斟满美酒，为你加油、为你祝福！我的好学生——庞林峰！

20 在网页中编织事业

龙永升

阿锋，我校2006届毕业生，他在家排行老二，还有个大哥也在我校就读。他父亲办了一家工厂，经营多年，家境较殷实，再加上他排行老末，因此一家人常常迁就他。他成了家中的“小王子”，养成了懒惰的习惯。

因为他家住在教师村旁边，所以在他10岁的时候我就认识了他。那个时候，他经常跟着他哥哥来我家玩。他看到我家的电脑很兴奋，不等我同意就玩了起来。我试着教他学习软件，发现他接受能力很快。我觉得他是一个很聪明的孩子。

10年后，当我看见他穿着我校的校服走在校道上的时候，我一脸的愕然，甚至还说：“阿锋，你怎么到这里来读书了?”他听后一脸羞涩。我从他那里了解到，他到了计算机班读书。这个学期我没有担任他们班的科任老师，当时正在带网页竞赛小组。我当即在心里决定，要将这个聪明的学生收入我的麾下。我找到他的班主任老师说明了我的意思，他说这个学生学习成绩不太理想，纪律性很差，去网页小组可能不太适合，但我还是执意把他招了进来。

来到网页小组后，我觉得他对我很有好感，会叫我“龙哥”，我感到在他心里是和我比较亲的。刚开始的时候，我布置练习让大家做，他也会很快完成，但是半个月后他的不良习惯就暴露了出来：一是经常不完成练习；二是老师不在的时候喜欢打游戏，而且还带着其他学生打；三是经常迟到。我发现这些问题时不是严厉地批评他，也不是简单地叫他离开网页小组。在一天下午放学时，我对他说：“你家几点吃饭?”他说7点多，于是我叫他留下来，说有一些问题要问他。他留下来后，我跟他说：“今天我以朋友的身份和你聊聊天，不会介意吧?”他笑了笑。我首先问他：“你这段时间好像不如刚进网页小组时那样积极了，是不是呢?”他说是，并且有点不好意思。我问他为什么，他说他也不知道具体为什么。或者是刚开始时觉得参加小组很有意思，但后来发现就那么回事，所以就又不那么认真了。我问他：“你以后毕业可能做什么呢?”他说不知道。我说：“你毕业后是做生意还是打工呢?”他说可能做点生意吧。我说：“你爸是做生意的，他做生意轻松还是辛苦呢?”他说:“我也不知道,我只知道他每天一大早出去后,很晚才回来。我问他做生意多长时间了,他说,从自己记事起就在做,具体从什么时候开始做的他也不知道。”我说:“你已经16岁了,你觉得做生意要成功的话,需具备什么条件呢?”他无言以对,于是我又问他:“你觉得你爸做生意是成功的吗?”他仍说他不知道。我说:“我虽然不是很了解你家的情况,但我认为你爸即使不算很成功也算小有成就了。为什么这样说呢?你们家里住得还是可以的,而且你父母亲把你们两兄弟拉扯大,已经是很不容易了。要做生意必须具备的最重要的品质:一是能吃苦,二是能坚持。你现在刚刚进网页小组,就开始懒散起来,你这样以后怎么做生意呢?你选择进入网页小组,进来时我们就说了进网页小组的目的:一是学习网页制作;二是参加区里的网页竞赛,为学校争光。你当时还表了态,说一定好好学习,努力为学校争光。可是你现在这样能实现你的诺言吗?”他笑了一下。我继续说:“养成好习惯对做生意很重要。坚持就是一个好习惯,如果你养成了这个好习惯,那么你以后做生意成功的可能性就很大。放弃是坏习惯,你如果再这样懒散就等于要放弃了。如果你以前做什么事情或者学习什么,遇到难处就放弃,而不是想办法坚持,那么你就养成了放弃的习惯,以后你一遇到困难就会放弃。而事实上,做任何事情都会遇到挫折,当然挫折有大有小。成功的人遇到困难时会迎难而上,失败的人遇到困难时就退缩。因此,我建议你还是好好地在网页小组待下去,努力跟着大家一起学习,争取参加比赛。”他是一个很聪明的人,知道我说这些话有两层意思:一是教育他学会坚持;二是告诉他,如果还这么懒散就得离开网页小组了。最后,我鼓励他:“你是一个很聪明的人,这你应该知道,在你很小的时候我就夸过你,我说你以后肯定是一个成功人士,好好努力吧!”

自那次谈话之后,他不完成练习任务、迟到、打游戏的现象少多了。过了一个多月后,他找到我说:“龙哥,这个网页我对它不感兴趣,而且我了解了,我真正学好了它也赚不了多少钱,我真的有点不想学了。”对于他的这种反复,我经常碰到。我对他说:“你离开也没有关系,但是你就有了第一次没有把事情做好就放弃的经历,有了第一次就很容易有第二次,你自己考虑吧,我不要求你什么了。”他终究还是没有离开,在他坚持的那段时间里,网页学得很好,表现了他的聪明劲儿,也很遵守网页小组的制度。后来,顺德区取消了网页比赛的项目,学校也把网页小组取消了,因此他最终还是没有参加比赛。

网页小组解散的那天晚上,我邀请所有小组成员聚了一次餐。在餐桌上,大家谈笑风生、畅所欲言。他们有的在说网页小组的体会,有的在说离开学校后的打算。阿锋端起酒杯说:“龙哥,我敬你一杯,在网页小组我的收获很大,除了学会了做网页，最重要的是你教了我做人的道理，教我学会了坚持，谢谢你。”

2006 年，他从我校毕业了。我家 2010 年以前住在乐从河滨路旁边的翠拥豪庭，闲时我常在河滨路散步。在他毕业大约两个月后，我见阿锋坐在那条街道的一家手机店的柜台里。我走了进去，问他：“这店是你开的吗？”他说：“是。”我问生意怎样，他说不怎么样，还说刚开始可能就是这样吧。我说做生意刚开始大都这样，坚持下去就可以看到效果。

我经常从阿锋的那家手机店门口经过，很少看到门庭若市的状况，大部分时间都是他一个人坐在店里，有时也有他的一个同学陪着他。我想，他的手机店这样下去真的难以为继。

后来我搬离了那个地方，好久没见阿锋了，也不知道他的生意做得怎么样了。有一天，他打来电话，邀请我参加他女儿的百日宴。我和他的班主任参加了宴会，宴会很有排场，在财神酒店摆了 50 多桌，前方的大型屏幕上放映着他自己制作的他和妻儿的生活片断。看着视频中他们幸福的样子，我想得到幸福是要持久付出的，阿锋能有这样的生活，能够有这样排场的酒席，一定是赚到了不少钱的，年仅 27 岁有这样的成果，一定也是付出了不少努力的。在他到每桌敬过酒之后，他专门走到我们这一桌，端起酒杯对我们两位老师说：“谢谢你们的教育之恩，你们不但教了我知识，还教了我做人，尤其是参加网页小组后龙哥教会了我坚持。我的手机店开始时生意很差，亏了不少，但是我现在坚持了下来，才有今天的小小成就。真的，谢谢你们！”

那天晚上，我很高兴，因为我的一番话让一个学生记了那么长时间。成功有很多因素，能够坚持下来也有很多原因，但是他还记得我说的话，并说我说的话对他起了很大的作用，这能不让我高兴吗？

特长学生
成才篇

在职校中，有这样一群孩子，他们在学业成绩或专业技能上也许表现得很平凡，他们曾在初中甚至因考试成绩不佳而自卑或叛逆。但是，进入职校后，他们有了成长成才的沃土，他们在学生会、文学社、龙舟队、舞蹈队、礼仪队中崭露头角，他们在校运会、歌唱比赛、摄影比赛、棋类比赛、朗诵比赛中脱颖而出，他们在和谐包容的环境中找回了自信，展现出真我的风采。

21 全国十佳小作家劳静琳成长记

邱礼佳

引言：她，曾经因来自单亲家庭、家境贫困而自卑、困惑。进入陈登职校后，她接触了文学，进入文学社，并加入顺德作家协会、佛山作家协会，在文学的海洋中和社会大课堂中历练、成长。从此，她变得自信而有主见，变得自强不息，开始走上了成功的人生之路。

现年20岁的劳静琳，是顺德区乐从镇人，曾担任陈登职校“荆棘鸟文学社”社长，同时是《乐从文艺》编辑部的学生记者。经常在《珠江商报》《中学生》《顺德视角》等报刊发表作品。2011年暑假期间，她荣获“叶圣陶作文赛”一等奖以及第九届“叶圣陶杯全国十佳小作家”荣誉称号，接受过顺德电台、《珠江商报》等媒体的采访报道，并有幸为《南方都市报》点评学生作文及发表对国民教材的个人看法。2011年，她获得全国校园文学新苗奖。

2011年7月25日，在第九届“叶圣陶杯”全国中学生新作文大赛决赛中，劳静琳脱颖而出，荣获“全国十佳小作家”称号。她不仅是本届唯一来自职校的获奖者，更是本届广东省唯一获此殊荣的人。

“来自职校，我也曾自卑”

“叶圣陶杯”全国中学生新作文大赛，是迄今为止全国级别最高、最具权威性和影响力的中学生作文赛事之一，备受全国中学师生及教育界、文学界、出版界瞩目。因此，参赛者大都来自全国各地的“名校”。

劳静琳坦言：“从初赛一路下来，直到最后的决赛，我其实一直很自卑。因为大家都来自全国各地的名校，如清华大学附中、中山大学附中等等，而我只是来自普通职校。”这份自卑，表现出来就变成了紧张，甚至到了颁奖的时候都还是如此。劳静琳在获奖感言中说：“比赛前一刻，我并不是像大家看到的那样冷静，就如演讲稿中那句‘万千次上台，我还是紧张如初’一样。可是因为对文学的热爱，我还是发自内心地演讲完毕，正如回顾我十多年来的成绩一样。”

用勤工俭学的钱带父亲赴京领奖

如果说拿下“全国十佳小作家”称号已经是十分了不起的事情，那么当你知道劳静琳还用自己勤工俭学的钱带父亲赴京领奖时，你会对这个女孩更加钦佩。

劳静琳每年寒暑假都会去勤工俭学，赚钱补贴学杂费。在寒假期间，她摇身一变成为一名“小销售”——为美的电器派发促销传单。“去一些楼盘，然后逐户地去敲门，问人家需不需要添置一些家电”。她的指导老师跟记者说：“她去北京比赛的路费，包括她爸爸那部分费用，都是她自己出的。”

劳静琳来自一个单亲家庭，父母在她很小的时候就分开了。她还有一个小她6岁的妹妹，姐妹俩现在跟着爸爸一起生活。这样的环境不仅让劳静琳学会了独立，更直接促成她与文学成为“知己”。“文学是我最好的朋友。生活中会遇到很多困难，我用文字记录下了自己的成长历程。”她说。

优秀文学社社长　像只荆棘鸟迎风飞翔

高一进入文学社，高二开始担任文学社社长，劳静琳说这个“社长”当得不容易。“以前采访完定期交稿就OK了。现在还要担任很多其他工作：选定活动、带新社员、组织例会、布置工作等。”她用这么一段话来形容自己这一年的工作：“年年月月，我像蜜蜂一样耕耘着，不曾休息过。我更迅速地成长了，由一个乱打乱撞的新手变成一个有目标、有方向的掌舵手，我可以单独带领我的文学社团参加不同的活动并取得佳绩。”付出终有回报，担任社长以来，劳静琳说自己的口才、性格、思维等方面都得到了锻炼。连文学社的老师也都给予了她很高的评价：“她是历任文学社社长中最优秀的。很多文学采访活动都是她一手组织的，并且都取得了很好的成绩。”

劳静琳

2011年，劳静琳作为陈登职校优秀毕业生提前毕业，并被推荐到乐从收藏家协会秘书处、《乐从环境报》等协会、媒体工作，现在是乐从一家公司的网络推广编辑，由于工作出色常常受到用人单位的好评。她坦言，是文学给予她直面人生的勇气和智慧。她在紧张的工作中，仍然抽出时间读书、写作，有时她还回校参加文学社的一些活动。

2012 年，劳静琳被评为"顺德十佳作家"，也是唯一一名入选的少年作家。谈及自己热爱的文学，她更是言语生动地说道："文字承载着太多，我把我的灵魂深潜在文字里，有的飘在风中，有的飞向广寒宫捕月，有的把泪洒向大漠深处。那一个个文字就像一粒粒种子，在我心中落地生根、发芽、拔节，生长成一片郁郁葱葱的美丽画面。我跌跌撞撞，犹如一只荆棘鸟一般满身是伤，但我闯开了一片属于我的天地。"

22 不同的方式成就不同的学生

林晓玲

前言：当了班主任后，我接触过形形色色的学生，其中有不少让我很是棘手，虽然迷惘过，但我始终坚信学生能学好，只要你认为他行，并给其机会，他就能行。不同的方式可能会成就不同的学生，作为一个班主任要时时刻刻提醒自己这一点，并以此为诫，多方位、多角度地看待学生，让学生有充分发展的空间。下面就让我讲讲我与一位班长的风波。

一、一位音乐特长生吸引了我

刚当班主任时，在军训前一接到学生的档案，我就迫不及待地看了起来，分析学生特点并尽量选定自己心目中理想的帮手。由于军训中有军歌表演，所以曾担任音乐课代表而且有音乐特长的陈同学吸引了我。于是，在军训过程中，我特别留意她，发现她胆子似乎不是很大，但为人很是热心，做事也到位，于是在军歌训练选指挥的时候我毫不犹豫地点了她的名，她当时很惊讶，而我则用一种好像很了解她的语气淡淡地说："你当过音乐课代表的啊！没问题的，我们大家都要靠你指挥了。"于是她笑了一下："你怎么知道啊?"就这样欣然接受了任务。军歌训练中，她的表现也很出色，基本上只要指点一下，她就会照着去做并且让你很满意。尤其是她因为跑步姿势不标准，但为了入场的需要，就不断地练习跑步，最终我们班在比赛中取得了很好的成绩。这让我很感动，心里对她的期望又多了一层。

二、大胆地让她当班长

新学期伊始，迫在眉睫的事就是班干部队伍的选定，在军训过程中我通过观察和了解基本上已经选定了班干部，但就是这个"头"——班长，我一直在犹豫，原有的档案中显示没有一个同学曾经担任过班长，再加上班长的重要性使我在这个问题上慎之又慎，最后我把目光集中在她身上。我发现，虽然她没有担任过很重要的班干部，甚至从传统的观念来看还有点“窜”，但她身上散发出一股灵气并且有很强的凝聚力，班上无论调皮还是优秀的学生都和她合得来，再加上她军训时的表现也使我有心将这份重任交到她手上，但她行不行呢？我心里还是有一些疑问，在没有其他更好选择的前提下，我找了她谈话，她比军训时的反应更为夸张，可能她心里从没想过会当班长，她坦言：在初中她只算是个中等的学生，甚至有时还有点调皮捣蛋，她心里觉得自己不行。听了她的话，我愈发想让她试一试，我真心希望她能在陈登职校找到自己的信心与平台，并以我自身的经历向她说明，有的职位不一定要当过才能胜任，强调了我对她的信心，并且希望她重视这种锻炼的机会，在新学校这个舞台上展示不一样的自我。在我的鼓励下，她有点犹豫地接了下来，但我感觉她本身还是不太相信自己，考虑到她的犹豫，再加上我自己也有点犹豫（这也是我后来检讨自己的一个方面），当时我在班上正式公布时只说了是“试用”，这也为后来的事情埋下了隐患。

三、不尽人意的表现

说句实话，正式上任后她的表现不是很令人满意，她家庭环境很不错，家住高档别墅，所以身上多多少少有些小姐脾气，并且女孩子在这个年龄又很爱美，有一次，我发现她化了妆，说了她；发了校服后，我又发现她把校服改得很窄很短，并且接了假发。刚带班的我各方面要求都很严，一再强调仪容仪表的问题，作为班长的她不严格要求自己，我心里很是失望，班上同学对她颇有微词。每次她做得不好，我就当面说她，却忽略了她的其他方面，包括心理变化。有一天，她突然来找我，说她不想做了，觉得她当不好班长，想做个“自由自在的人”。我当时听了很失望，觉得跟她谈了这么多次，她最终还是给我这样一个答案，我心里也退缩了：是不是我选择错了？加上当时班上其他几个班干部表现得很不错，而她又只是“试用”，我想不如改选，于是对她说：“既然这样，就在班上举行竞选吧，但我还是要求你参加竞选。”她脸上当时闪过一个很复杂的表情，可能辞职并不是她的真实想法……

四、出人意料的竞选结果

她答应改选后，我也开始着手准备，让几个我看好的班干部参与竞选。我原以为，以她的表现，要换掉她是很容易的。我安排了候选人来我办公室做竞选课件、写竞选稿，但她没来找我。我以为一切都在掌控之中，也逐渐接受了要换班长的事实。但结果却出人意料，竞选当天她发挥得很出色，做了很漂亮的课件，并且一改往日的作风，非常大胆、有号召力，让我感觉又找回了军训时的她，而我看好的阿怡相比之下就弱了很多。读票的时候我就知道肯定是她当选，果然她以绝对优势留任，结果虽然非我所愿，但我也接受民意，并且心里想她有这么高的声望肯定有过人之处，只是一些不好的小习惯要约束好，有些棱角还要再打磨。

五、令人伤心的风波

在实施过程中我过于着急了，我还是跟之前一样，当面说她的不是。我心里是想对班干部一定要严格，不然别的同学会认为我偏心。但是我错了，女孩子细腻的心思我还不能很好地觉察到。有一天，她表哥结婚，向我请假，由于下午是会计课，她的成绩又不是很突出，而我又不喜欢学生轻易请假，所以当时多问了几句，并且要求她家长给我打电话并给请假条签名，她当时脸上便有不悦的神色。我心想我就是要这么对你，你家里宠你，我可不纵你，所以没去理会。第二天她把假条拿来，上面的签名歪歪斜斜，是很幼稚的字体，我心生疑惑，又多问了她几句，她第一次顶撞了我："这就是我妈的签名，你要不信就打电话去问！"由于她家长没给我打电话，于是我就计划给她家里打个电话，顺便谈谈她接假发的问题，并想和她的家长沟通好管理孩子的问题，期望能达成一致。周五晚上，我给她家打了电话，那次接电话的是她父亲，他非常不讲理，说都什么年代了，我们学校还对学生管理这么紧，说不应该束缚学生的个性，没见过我这么啰唆的老师，请个假还要这么多手续。谈话非常不愉快，但我还是强忍着，心想有这么娇纵小孩的家长，难怪原本底子这么好的学生也会不听教。但更让我伤心的是，我知道她当时在家里，并且听到她父亲对我的斥责，却没出来为我说一句公道话，我心里真是非常难受。放下电话，我的内心久久不能平静，既委屈又担心，担心的是如何再去教育甚至面对这个学生。我苦思了一个晚上最终得不到结论。好在当时是周末，我们俩都有时间去平复。周一要交周记，她在周记中写着："我不当班长了，我知道你不想让我当班长，你想让阿怡当，自从我改选为班长后你就对我越来越凶了，加上我爸爸那么说你，你心里一定恨死我了！"落款还说了一句："我最讨厌人找我聊天，你看完周记后不要找我谈话！"我看完后，一方面觉得她真是个小孩，我怎么会因为她爸爸而恨她呢，而且我也没说不让她当班长啊！另一方面我也觉得她还是对自己不够自信，而且这种不自信有很大部分是因为我的影响，因为我内心深处确实有对她不满意的地方，也产生过换掉她的想法。不过选举结果出来后我尊重学生的选择，也很想好好培养她，所以对她各方面的要求都比较高，但现在她对我的误会反而更深了，如何化解她心中的结真的成了一个难题。她又说不要再找她聊天，她的心门已对我紧闭，另外从她的字里行间也看得出她现在情绪比较激动，也不适宜谈心。但这个问题一定要及早解决，因为班上已经传开我和她的事，如果处理不好的话会给我的班主任工作带来麻烦，甚至会危及我的威信。我开始陷入了深思……

六、周记成了我的"突破口"

我不打算惊动她，想先冷一冷她，装作什么事都没有发生，依然像平时一样吩咐她做事，在班上形成一种我无意撤她的感觉，她越是在意这件事，我越不能现在谈，因为两人之间误会太深。而且据我对她的了解，现在谈只会让她更反叛，并且会带动她身边一群同学一起抵制我，形成一股不好的风气。但接下来我应该找个进入她心灵的切入点。我深知这件事的重要性，处理得好，她能为我所用，为班上做事；处理不好，完全搞僵了，我也不能再用她，而且我更为担心的是，她会不会从此变成一个坏学生。学生其实对老师的评价是很在乎的，夸张点说，班主任希望她是什么样的，她往往就能成为什么样的人，假如就因为这件事，我把她打入坏学生行列，采取过激的方式，那她可能以后的三年都翻不了身，我不想出现这样的结果。

所以在处理这件事情时，我慎之又慎，静心等待时机，并不断地咨询有经验的班主任，听取大家的意见。我知道，在我想不到妥善的办法之前，我最好什么都不要做，维持现状。在读学生周记的时候，我将注意力放在两篇周记上，一篇是她的一个好朋友写的，这个学生（玲）是非常尊重我的，她在周记中谈了这件事，看得出班长将所有的事都告诉了她，我到现在还非常感谢玲，我从玲的周记里完全掌握了班长的想法，也确定了我的想法：她是非常想当这个班长的，只要我善加引导，以她的威信也是完全没问题的。明确这一点之后，我就有了信心，至少她的心还没离开这个班，也不是蛮不讲理的人，我打算把她拉回我的身边，并且要让她相信我、尊敬我。但首先要做的是消除误会。楚也是班长的好朋友，并且平时在班上传播力比较强，恰好我刚没收了她的小灵通，她在周记里面也说明了带小灵通的原因，是家里同意的。我决定从这两个同学入手，让她们为我"传话"，于是我找了玲和楚出来，首先我把小灵通还给了楚，并且跟她说了一些很贴心的话，这让她很是意外和感激，觉得我是个通情达理的班主任。之后，我又顺势根据她们在周记里面对我的看法，逐一破除她们的误解，让她们明白我的用意，看到她们逐渐对我亲热，不再拘谨时，再慢慢谈到正题——改选的事上。我先让她们谈想法，在谈的过程中我不反驳她们，并且适时承认自己的不足，然后针对她们说我不想让班长继续做的这个点，反问她们：假如我有心换掉班长的话，这对我来说是件很难的事吗？她们当时若有所思，我又接着说："最简单的，我读票时把名字读成怡就行了，再不然，我都不用全体投票，直接换不就行了，这不更简单吗?"听完，她们点了点头，然后我再根据请假事件，列举了班规和以前玲的亲哥哥结婚时的请假制度，让她们明白我打电话到班长家只是例行公事，对于每个同学我都会这么做的，而不是不相信她。之后我又举了很多例子，因为我知道事实最能说服人。通过这一番谈话，这两个人的心已经完全向我靠拢了，我也相信以女生的性格，她们和我之间的谈话内容班长很快会知道。

七、圆满的结局

班上的事务一切照旧，但我也在暗中观察班长，我发现她把假发取了下来，做什么事情也都积极了很多，也能按规定穿校服了，安排她做的事也都能做好，我开始在班上表扬她，并且多找她做事，但对之前的风波只字不提。我心里清楚，误会已经消解了一半，但我现在还不能找她谈话，对于她这种很有主见的女孩，要让她相信她爸爸对我无礼不会影响我和她的关系并不是一件容易的事，我在等待。周四时，我把周记发了下去，我在她周记上没做任何评语，我看到她拿到周记时很失望，再后来，她看到我有点不好意思了，这时我心里总算松了一口气，她有点内疚了，这说明她本身还是有一定的是非判断能力的。

再后来，她在我面前也慢慢恢复了之前的活泼，对班级管理也越来越有热情，而我又让她代表班级参加了活动，并且经常在班上以"班长"称呼她。

接下来的一周，我又收上了周记，她的周记中写着："对不起，班主任!"看到这句话，我由衷地笑了……我知道，我可以找她谈了，但谈的不是这件事，而是我对她的期望，是班级的良好发展……

我的感悟

首先，作为一名班主任，对学生要有充分的信任，尤其是对于心思细腻的学生，在处理问题上要进行多方位的思考，无论是谈话技巧还是处事方式都是一门值得研究的学问。

其次，在与学生相处的过程中，有时也要让学生"赢"，老师要勇于承认自己的不足，敞开心扉与学生平等地对话，班主任的"示弱"能让学生感受到尊重与信任，也更能赢得学生的心。

再次，要懂得肯定学生，学生来自不同的家庭，不可能每件事情一开始就都做得完美。班主任一个永恒的课题就是善于发现每个学生身上的闪光点，并用自己的鼓励与爱心将其放大。在这场风波中，我就是太急于对班干部培养了，过多聚焦在她的不足上，而让她感觉我忽视了她的优点与存在感，这也是我最应该检讨的地方。

另外，在这场风波的解决中，有两个地方让我受益匪浅：一是每周坚持让学生写周记，学生愿意用周记表达她们的情感，使得我在处理这件事上有了方向和突破口；二是在平时的管理中要有一批亲近我、信任我的学生，这些学生在这场风波中成了我坚实的后盾。

23 气质美女的星星之路

葛文琳

前言：邓亚辉，女，毕业于商英101班，论学习成绩，她算不上优等生，但在我们陈登职校的老师眼中，她是一块难得的璞玉。然而璞玉再好，没有经过雕琢也仅仅是一块石头。幸运的是，在老师的帮助下，她把握住了每一次被雕琢的机遇，不怕苦、不怕累，终于如愿以偿地将自己打磨成了一块美玉。

我能行吗？你当然行

漂亮的女孩总是引人注目，高一刚开学，我就注意到了她——邓亚辉，个子高挑、白白净净，一头秀发扎成一束长长的马尾。她五官虽不是非常出众，但搭配起来特别顺眼，是我喜欢的气质型美女。第一堂课，我让学生们介绍自己，她在周记中写道自己性格直爽、爱好唱歌，但学习成绩不太好，不知能否适应职校的学习和生活。组建班干部队伍时，我一下子就想到了她："当我们的文艺委员，好吗？""我能行吗？"她一脸的惊讶，"我可从来没有做过班干部的。""行，你当然行！只要你不虚度美好时光，丰富的职校生活一定会给你的青春增光添彩！""行，那我试试！"她带着女中音的腔调回答道。她说话干脆利落，真有点女汉子的范儿。

没有活动时，文艺委员似乎成了闲职，可我却不让邓亚辉闲下来。我时常找她聊天，原来她小学时就跟随父母从湖南来到乐从，普通话里已听不出任何乡音了。由于班里难得有普通话不带广东味的，于是我鼓励她去校园广播站锻炼一下，别浪费了这么标准的普通话和优美的嗓音。她果然顺利通过了面试。从此，校园的中午时分，我便时常听到她那清晰而又略带磁性的声音。为了提升她的朗诵水平，我请语文老师专门为她指点朗诵技巧，并给她推荐一些朗诵的学习视频，再加上她每天早读、课后的认真练习，很快便成为校园广播台的一张名片。

邓亚辉入校后的第一次运动会即将来临，在班里开完动员会后，我单独找到她说："看你这么高挑的身材，长胳膊长腿的，又有活力，肯定是运动健将，我看人是很准的哦。"她笑着说："我能行吗？班主任，你这么看好我？我只在小学时参加过跑步比赛。""你当然行，我说行就是行！"其实，我一开始根本没想到她在体育方面有如此大的潜力。后来听学生说，她在答应我参加比赛后，经常提前到校或是推迟放学，目的就是练习跑步。比赛那天，二百米跑道上强手如云，邓亚辉成了一匹黑马，在全班的鼓劲和欢呼声中轻松夺冠，送给我一个大大的惊喜，我也真正体会到了赏识教育的力量。

我有那么优秀吗？当然，你会更加优秀！

不借口推脱、不轻言放弃，我从邓亚辉的身上渐渐看到了坚强、自信以及巨大的潜力，我预感她会越来越优秀。

校园艺术节来了，邓亚辉终于有机会在校园十大歌手比赛中一展歌喉，这次她不需要我的鼓励就已经信心满满。在跟我一起仔细研究完比赛的规程之后，她拍着我的肩膀说："班主任，这次不需要你为我担心受累了，相信我，肯定拿个冠军给你。"果然，为这次比赛邓亚辉做足了功课。决赛那天，三个环节三首不同风格的曲目，她换了三套衣服来搭配曲风，最终她凭借扎实的演唱功力、清新脱俗的外形以及大方淡定的台风，无可争议地获得了总成绩第一名。赛后，她手捧奖状冲过来拥抱着我，要跟我合影来分享喜悦，并感谢我一路伴随她取得了这么多的荣誉。虽然这次我并没有帮上她什么忙，但我依然能感受到她发自内心的感激。

学校为了弘扬校园龙舟文化，准备组建学生男女子龙舟队进行训练并参赛。男子组的人员报名很快到位，而女子组却迟迟未满，原因是女生在运动方面比较怕苦怕累，更怕被太阳晒黑。我在班里做足了动员工作，终于有三个女生站了出来，邓亚辉就在其中。龙舟队的训练异常艰苦，不到一个月，邓亚辉白皙的脸庞已经全变黑了，下巴都晒得褪了皮，看着就让人心疼。她似乎看出了我内心的矛盾和担忧，安慰我说："没事的，我还年轻，晒黑了过个冬天就白回来了。"就这样，她在训练中从

左一为邓亚辉

未退缩过，积极跟随龙舟队参加各项赛事，为学校的荣誉作出了不小的贡献。在一次外出比赛后，作为获奖队的代表，邓亚辉还接受了电视台的采访，她大方得体的话语和稳重淡定的气度给大家留下了深刻的印象，也得到了学校领导的一致认可和好评。

当一个人各方面都很优秀时，就难以接受身上明显的短板，邓亚辉就是这样。在身兼数职的情况之下，她仍然不放弃对学业的追求，发扬不怕苦不怕累、力争上游的龙舟精神，学习成绩从入校时的中下游水平跃居为全班前十名。鉴于她在学习、文艺、体育各方面的优异表现和模范带头作用，学校推选她为顺德区三好学生，并在学校年度教学奖颁奖典礼上作为优秀学生代表发言。得知这一消息后，她还故作惊讶地问："我有那么优秀吗?"我会心地一笑："当然，你会更加优秀!"

我美吗？当然，你会越来越美！

在学校小有名气的邓亚辉又被校礼仪队相中了，第一次看见她化着淡妆、穿着喜庆的旗袍，亭亭玉立地站在校道上迎接嘉宾，我差点没认出她来。她得意地冲我一笑，悄声问我："老师，我美吗?""美，美得像花儿一样!"听到我的回答，她笑得更美了。

其实，邓亚辉一直是个爱美的女生，虽然她平时在学校都按规定穿好校服、束好头发，看不出来她爱打扮，但我知道她积极加入了美妆社团，并且特别感兴趣，还利用双休日自己在家里琢磨。高三即将毕业，这也是学生们最迷茫的时候，多数学生都在为找对口的实习工作单位而发愁。当我问到邓亚辉，她却出乎意料地告诉我，她打算去伊丽莎白美容学校学习。我知道，去那里学习要交纳一笔不菲的学费，没想到她父母很支持她的选择，看来她是"蓄谋已久"，跟父母的沟通工作早已顺利完成。她告诉我，她的梦想是打造属于她自己的美甲连锁店。当然，要从行业的专业基础开始学习，然后再到实体店体验学习，等到专业水准达到理想状态后，就回湖南老家开第一间连锁店。

邓亚辉真的是说到做到，她花了一年的时间在伊丽莎白美容学校系统地学习了美容、化妆和美甲等科目，顺利通过了化妆结业考核，学成之后就潜心在美甲店工作，挣钱的同时更注重钻研新技术和创意。她的美甲技术与服务意识受到了客户们的一致好评，回头客越来越多，老板对她也是赞赏有加。她还在下班之余帮朋友做漂亮的指甲、化美美的妆，帮妈妈推背按颈、做脸部按摩，她还时常给我看一些她的最新作品，她总是给大家带来快乐，让人欣慰。

邓亚辉告诉我，虽然自己目前的职业似乎与职校的学习不相关，但是自己之所以有如此的勇气和信心都是在陈登职校中磨炼出来的。她感谢学校和老师对她的培养，让她能够看清自己的梦想，并为事业而奋斗。她将依靠自己的双手来创造财富，打造属于自己的一片天空！我也预祝她事业有成，早日实现自己的梦想。

24 “小不点”练成“百米王”

徐长春

题记：他的身高只有 1. 53 米，曾被学生戏称为“小不点”，没人发现他有什么运动天赋，更没人会相信他能参加短跑比赛，甚至还拿了冠军。

但他用顽强的毅力和不屈的精神，完成了“化茧成蝶”的蜕变，这个人叫黄家棋。

黄家棋

片段一

2010 年 12 月 3 日，陈登职校第十三届田径运动会男子百米决赛即将开始，参加决赛的 6 名队员中有上届的百米冠军和亚军，他们都摩拳擦掌，志在必得。

其中，有一名身高一米五左右的小个子选手，排在第五道，由于身高太矮，他几乎不被人关注。

“砰!”发令枪响了，6 名队员如离弦之箭冲出起跑线。前 30 米，上届冠、亚军一路领先，第五道的小个子选手名列第五。

前 70 米，前两名选手发挥身高步长的优势，有节奏地领跑，但人们注意到第五道的小个子选手悄悄地超越了第四和第三的选手，直逼前两名，场上的气氛骤然紧张了起来。最后 30 米冲刺，大家都拿出看家本领全力以赴，只见小个子选手的步频越来越快，在 85 米左右超过了第二名选手，90 米处又追上了第三道的第一名选手。

此时，场上的竞争已经白热化，观众的情绪被突如其来的变化所点燃，有的高喊“三道加油”，有的高呼“五道加油”。10 米、9 米……5 米，两人并驾齐驱，互不相让。最后 5 米，小个子选手健步如飞，冲到了第一的位置，并以一个身位的优势率先冲过了终点，场上爆发出雷鸣般的掌声……

片段二

在 2011 年镇田径运动会百米决赛现场，陈登职校与乐中的“百米王”正在进行巅峰对决，第四道的小个子选手从起跑到终点一路领先，没给对手任何机会，冲过终点的瞬间，小个子选手露出了胜利的微笑和喜悦的泪水……

这个小个子选手名叫黄家棋，是我校物流 091 班的学生，受父母遗传因素的影响，他从小个头就矮小，到我校读书时身高只有 1.53 米，同学们给他取了一个绰号“小不点”。可能他已习以为常，并不在意，但内心还是有种隐隐的痛。

曾受冷落，倍感无奈

由于身材矮小，黄家棋在小学和初中曾受到老师与同学的冷落。他也喜欢体育、爱好运动，也曾幻想通过体育锻炼增长身高。

小学四年级时，他主动报名参加校田径队，但老师看看他的个子，什么也没说就摇头拒绝了，这件事对他伤害极大，直到小学毕业他都不再参加运动。

上初中时，由于体育中考，他不得不选择一些项目应付考试。由于没有什么特长，他最终选择了 100 米和跳绳。100 米是必考项目，跳绳不受身高限制。在大面积提高体育中考成绩的背景下，没有体育特长的学生是不被老师关注的，只有在老师统一、千篇一律的教法下自主练习。

在中考的重压下，黄家棋和大多数同学一样自觉训练，成绩也有了提高，100 米成绩从 14 秒多提高到 12 秒 7 左右，但提高到 12 秒 7 时，他好像遇到了瓶颈。

到初三时，由于文化课成绩同样不理想，几乎所有的老师都放弃了他，和许多“差生”一样，他从此过上了备受冷落而又自由的初三生活。

初出茅庐，偶露峥嵘

2009 年 9 月，黄家棋带着一些无奈走进了陈登职校的校园。

9 月底的高一体质数据测试，一个小个子学生引起了我的注意，测试的五个项目，他都认真对待，全力以赴地完成。

后来，在体育课上我才知道他叫黄家棋。谈到体质测试的事，他说："老师，我是不想让别人耻笑我，我想证明我并不弱小。"在以后的体育课上，他都表现得积极、活跃，我也不失时机地对他加以表扬。

有一次，他和我说起了小学想进田径队遭拒的事，然后很认真地问我，"像我这样身材的人，真的跑不快吗?"我很坚决地说："不一定，球王马拉多纳个子也不高，但100米可以跑到11秒2，成才有先天的因素，但主要靠后天的努力。"他又说："我现在还想进田径队，不知可以不可以?"看着他认真的样子，我紧紧握了握他的手，信任地点点头。

2009年11月，在校田径运动会上，黄家棋竟然跑进了决赛，并取得第七名的成绩，这一成绩让他非常兴奋。我预感到这块未经雕琢的璞玉，经过加工一定会更加璀璨。

卧薪尝胆，一鸣惊人

2009年运动会也许给了他信心，有一次他对我说："老师，我真没想到自己100米可以跑12秒4，可以拿到第七名。"

我笑着说："你现在是全校跑得第七快的人，想不想做第一快的人?"他摇摇头说："不可能。"我说："这样吧，我们教练组根据你的情况，制定一份训练计划，你要是不打折扣地执行，保证你能成功，但要有卧薪尝胆的毅力。"

他抬头看看我，眼中充满着感激和渴望。其实，我知道他缺乏力量，假如在训练中加大力量训练的话，他的成绩会有质的飞跃。后来，我们制定了一个长期训练计划，目标是下一年校运会和镇运会，近期则不突出成绩。

黄家棋非常配合我们的训练，无论是杠铃负重练习，还是拉重物跑以及跑楼梯等，他都以超强的毅力完成。

记得有一次拉轮胎跑，我们规定30米×6次，他自己加到40米×6次，练完后几乎瘫倒在地上。半年后，他的负重深蹲提高了30公斤。有了力量后，我们又在步幅和步频上下功夫，如1分钟高抬腿计数跑、双手撑墙弓步快速送腿练习等，这些都提高了步幅和步频。同时，我们纠正了他原来靠小腿前摆带动大腿的错误动作，改成靠大腿的积极前摆带动小腿的前伸脚掌扒地，使其跑起来更轻松、更协调。半年后，他已经能轻松跑到11秒5，但起跑反应略慢，最后冲刺速度也上不去。

为此，教练组又有针对性地调整了训练方案，增加了沙袋重量，把冲刺距离由20米加大到30米，使其成绩又有了明显提高。2010年校运会又悄悄地到来了，作为运动会最大看点的100米比赛，大家更是充满着期待，田径队的两个主力队员更是信心十足，志在必得。

比赛正如片段一直播的那样，黄家棋竟靠顽强的毅力和超常的发挥，后来居上，一鸣惊人。

超越自我，捍卫"王位"

2010年的校运会给了黄家棋荣誉和信心，也圆了他小学时的梦想。

这份迟来的喜悦让他浑身充满了激情和力量，正如他自己说的那样，来陈登职校让他找到了自信，感觉自己没有那么矮小了，生活好像也有了更高的追求和目标。

有一次，他和我聊天，谈起了自己一年来的变化，他说这一年不仅短跑的成绩有了明显提高，而且还学会了篮球、足球，自己的性格也开朗了许多。

由于2011年的镇赛有两名短跑队员超龄，因此教练组确定让黄家棋做领军人物，因为大家感觉到，他骨子里有股不服输的韧性，在压力面前有种越战越勇的霸气。

2011年的训练，黄家棋更加认真、刻苦。他说："我的自身条件不适合短跑，只因我爱好它，所以要比别人付出更多的汗水，才有可能跑在前面。"这一年，我们帮他改掉了走路八字脚的毛病，在频率保持不变的情况下加大了步幅，使途中跑更趋合理，既节省了体力，也为冲刺跑积蓄了力量。

2011年9月，镇运动会拉开了帷幕，在2010年的100米比赛中我们输给了乐中队，这次大家都憋着一股劲，要战胜对手。

但乐中队的两名选手也实力不俗，又是体育特长生，他们同样抱着卫冕的信念，要与我们一决高下。比赛开始后，黄家棋一路领先，第一个冲过终点。

11月的校运会，他携镇运会的余威在100米、200米项目中继续称雄，成为"双冠王"，并创造了百米11秒的个人最好成绩。

2011年的两场比赛让黄家棋实现了新的超越，他后来在日记中写道：来陈登职校前我的天空是灰色的，学习成绩差、身材矮小使我备受冷落，失意、无助、彷徨让我看不到自己的未来和希望。到了职校后，校长给我们做的第一次报告就是"成才百分百"理念，我知道他是在给我们打气、鼓劲，那时我和大家一样将信将疑。但后来的职校生活让我彻底改变了，特别是在体育上的进步，使我找到了自信、尊严和希望。

后记：

黄家棋的成功不是个案，在陈登职校有许许多多的“黄家棋”，他们在各个方面取得了进步，超越了自我，找到了自信，看到了希望，收获了成功。只要我们每个教师用真心去关爱，用诚心去引导，用恒心去培养，每个学生都能进步并成才。在陈登职校这片充满生机的沃土上，“成才百分百”的理念之花正在结出丰硕香甜的果实。

25 游戏高手的蜕变

陈要求

“陈老师，教师节快乐！”

虽然只是短短的一句问候，却仿若清风拂过心田，温暖如春。

同一个人、同一条短信、同一个时间，这是我又一次收到同样的一条短信！

今天，又是教师节，又在同一个时间，如期出现在我的手机，我不禁热泪盈眶，多么重情的孩子。

已经是第四年了，我收到这样的短信，这也是他毕业的第四年。

他，大学毕业后，很快被佛山某软件公司聘用为软件工程师，月薪一万多元，能力、水平与薪资丝毫不逊于同期进入公司的本科生。

他，就是我2010级计算机班的学生小波。谁能想象，他来自贫穷的家庭，曾经是一个“网虫”，曾经迷惘而绝望。

他个子高瘦，常年脸色发白、头发蓬乱。他性格比较温和，人也很聪明，但最大的缺点便是爱睡觉，一到上课便没精打采，上课铃声仿佛成了他的睡觉闹钟。因为他上课睡觉的问题，科任老师已经多次向我反映，作为班主任的我，决定找他谈话。第一次找他谈话，他表现得很不屑，态度冷漠、抗拒，不管我说什么，他的眼神总是瞟着窗外……我决定去家访，本来是打算向他的家长反映问题，一起教育小波的，但是当我走进小波家，这些话都被我咽回了肚里。

这是一个多么破败的家！这是一个怎样苍老的母亲啊！

所谓的客厅，其实只是放了一张小饭桌和凳子的几平方米的地方，没有电视、没有冰箱，一台破风扇在吱吱呀呀地转个不停。家里唯一值钱的东西，可能是小波正在玩游戏的一台二手电脑。而小波的母亲，满脸皱纹、满头白发，干瘪的身材看起来极其瘦小，怎么看都像极了一个60多岁的老人。他母亲看到我的到来，急忙用衣袖擦了擦身边的一张凳子，热情地招呼我坐下，但小波却是一脸的不欢迎。

我通过与小波母亲交谈得知，小波小学、初中学习成绩一直很优秀，选择职业学校也是因为家里希望他早点学门技术，好出来工作以减轻家庭的负担。电脑是小波打暑假工挣的 1 000 多块，再加上父母凑的一些钱在二手市场买的，父母考虑到小波学的是计算机专业，买台电脑以促进小波的专业学习。

看到这样一个家庭，我实在不忍心在一个以小波为骄傲的老母亲面前数落她儿子的种种缺点，不忍心打碎一个家庭的希望，我尽量挖掘出小波平时在学校的闪光点进行交谈。而母亲也表扬了小波爱“学习”，平时晚上经常“学习”到一两点。至此，我终于弄明白了小波为什么一上课便睡觉。我提醒小波母亲要督促他早点睡，不能因为晚上“学习”而影响白天的课程。我匆匆结束了本次家访，离开他家时，小波送我出门，从他的眼神中我看出了感激。

第二天我又找小波谈话，这一次他没有以往的抗拒与冷漠。我把他带到机房，问他最喜欢的游戏是哪款，我要与他单挑几局。听到老师要与他单挑游戏，他欣然同意。我们在机房单挑了三局 CS 游戏，他的水平不错，但三局下来全以他落败而告终。“想不想知道为什么老师总是能赢你，想不想知道老师的秘诀?”听说我要将秘诀传授给他，他的眼睛一下子就亮了，像换了个人似的，不停地点头。我说：“秘诀便是老师懂得编程，弄清了这个游戏的设计原理和过程，如果你想赢我，必须要学习好编程。”看着他半信半疑的样子，我拿出了自己编的一些小游戏以及程序代码，告诉他要弄清 CS 的开发，自己必须要先动手开发制作一些小游戏，而要开发制作小游戏，则需要先学好 C 语言、JAVA 语言等编程课程。我将自己开发的一些小游戏源码全部拷贝给了他，并且为他找了几本编程方面的书籍。

从此以后，小波经常来找我问一些编程方面的问题，他告诉我他现在仍是一两点钟睡觉，但不是因为玩游戏，而是在研究编程。聪明过人的他学起编程来似乎也得心应手，进步明显。虽然小波上课偶尔还睡觉，但专业课堂上他绝对是聚精会神的。

三年下来，他完成了猜数、贪吃蛇、打地鼠等一些小游戏的开发，在这个过程中，他似乎也找到了努力的方向，重拾了学习的兴趣。在我的鼓励下，他在高三时参加了全省的高职类自主招生考试，并且顺利考取顺德职业技术学院的软件工程专业。大学毕业后，他很快应聘上了佛山某软件公司的软件工程师职位。

伟大的科学家爱因斯坦说过：“兴趣是最好的老师。”中职学校的学生不缺能力、不缺资质，缺的是指点他们人生的“贵人”、他们兴趣的发现者、他们努力的引导者。小波从游戏高手蜕变成编程高手，也促进了我的成长——面对问题学生，并不一定需要暴风骤雨般的批评，有时候一个善意的谎言、一次正确的引导，就能成就学生的一生。

26 我和我的我们

杜宇峰

每当清晨经过舞蹈室，便会听到一阵阵爽朗的笑声，走进教室，一张张熟悉而可爱的面孔扑面而来，这就是我和我的这个“我们”。与学生朝夕相处这两年，有许多难忘的故事沉淀在我们的记忆之中，温暖着我们的心灵。

“我和我的我们”之间有温暖、有感动、有反思、有收获，也有遗憾。正是在这一个个难忘的故事之中，我们由青涩慢慢走向成熟，由稚嫩慢慢走向沉稳。

作为一名刚刚踏入工作岗位两年的新教师，我一直在努力地工作着，也一直在探索着如何能成为一名出色的、优秀的舞蹈教师。我教的是职校高一年级的学生，他们中间的大多数都是经过我挑选后才加入校舞蹈队的。学生的基本功参差不齐，有些学生在小学、初中接触过舞蹈，但是大部分都是第一次接触舞蹈，其中有被动接受的，当然也有主动接受训练的。在中职学校做老师，我们必然会遇到一些调皮、倔强的“问题少年”，作为老师，有时性急，会比较严厉地对待他们，而这也许就在不知不觉中伤害了孩子的自尊心。这些孩子虽然很淘气、不听话，其实他们也有一颗弱小的心灵，也有着同别人一样，甚至更强烈的自尊心。

舞蹈队有这样一个学生，排练时总是不能静下心来学习动作，不是跟这个说话就是跟那个说话，说他又不听，每节课都因为他而耽误排练时间，导致排练任务完成不了。有次在学习新动作的时候，我当着全班队员的面严厉地批评了他，结果他不但没有悔改，反而还变本加厉地胡闹。那次以后，我从班主任和他的好朋友那里了解到，其实他也很在意别人的评价。后来，我努力从生活中去观察他的闪光点。

有一次经过操场时，我看见他在做后空翻，顿时让我一惊，原来他还会做这个高难度技巧。于是，我走过去对他说：“不错，真棒，还会做什么技巧？”他笑着对我说：“我还会很多，我要几个给你看。”说完，他又翻了几个空翻，真是不错，胆子还挺大的。我问他在哪里学的，他说他以前在武术学校学过，所以会这些技巧。我说：“那好，下次排节目，我选你做主要演员。”他诧异了一下问：“为什么选我？我上课又不认真。”我说：“老师刚才看到你翻的这些技巧很棒，非常好，下个节目我们可以试着把这些动作放进去，怎么样？有没有信心？”他脸色一变，表现出一些小兴奋。他问：“真的可以吗？老师？”我说：“有什么不可以，你看你做得多好，今天你可以在操场再多练练，明天我们上课的时候，你做给同学们看看。”他犹豫了一下，挠了挠头，便爽快地答应了。

第二天上舞蹈课的时候，我走进教室看到他一个人在活动身体、练习技巧动作，我冲他笑了一下。等同学到齐后，我安排了课程的任务，并宣布“今天我们上技巧课，刘同学做我的助教”。学生听后，哄笑起来，脸上表现出一副不相信的神情。于是，刘某马上做了几个技巧动作，看得所有同学都瞠目结舌的。一个女生大声说：“还有没有更难的，让我们见识见识。”话音刚落，刘某又来了一套更加难的技巧动作，看得同学们目瞪口呆、拍手叫好。经过个人的展示与表演，他征服了全体同学，很多人都争相要他教练习技巧，整个课堂又热火朝天起来。

从那以后，我给他安排了一个职务——担任舞蹈队技术技巧助教，学生们也很乐于和他一起练习技巧。在他的帮助下，舞蹈队同学的技术技巧都有了很大的进步。上课时，我总会记得多提问他，让他做示范动作，不管动作做得好与坏，多用目光关注他。我知道，是我们大家真诚的鼓励和赞扬使他发生了改变，并渐渐地回到我们中间来。久而久之，他成了舞蹈队的核心成员，在第二年的文艺会演的舞蹈表演中承担起了重任，带领舞蹈队获得了省舞蹈比赛的一等奖。排练期间，他的付出与努力也让所有人看到了一个积极向上的好学生。

在平常的训练过程中，我努力做好学生和家长的工作，使家长能够放心让学生训练，使学生能够安心训练。舞蹈队是学校的一个对外窗口和亮点，也是学校的艺术综合实力的体现，因此我更加严格要求自己，在训练中悉心教好每一个技术动作，做到亲自示范，并反复辅导，与队员们同场训练和游戏。在每一次训练中，我都讲求训练质量，每一个内容都要对每个人设立目标。面对这样的辛苦训练，很多学生想打退堂鼓，不想训练，并出现情绪化，有的还欺骗老师说家长不同意参加训练，每逢出现问题和学生闹情绪时，我都找他们谈心，帮助其解开心结、克服重重困难，并将辛苦转化为动力，培养学生良好的意志品质。记得有一次排练舞蹈的时候，我见到有一名学生注意力不集中，做动作心不在焉，导致整堂课效果不好，下课后我便主动找到该生与其聊天，经过一个小时的聊天我才知道该生在家里与父母发生了很大的矛盾，导致其情绪不佳。经过长时间的劝解，该生的情绪才稍微平复了一些，事后我又与其家长进行沟通，最后终于处理好了家长与孩子之间的矛盾。训练中我还对学生进行思想品德教育，关心他们的文化课成绩，并在训练中采用各种各样的手段、方法吸引学生，提高学生的训练兴趣，多表扬少批评，调动其积极性，以达到训练的目的，培养为学校争光的责任感。队员们通过自己的努力和付出，都有了飞跃式的进步。

著名作家冰心曾经说过：“爱是教育的基础，是老师教育的源泉，有爱便有了一切。”的确，和学生、同事相伴的这些日子里，爱让我们感动、收获并共同成长。

所以，教育就是爱。爱是一种伟大的力量，没有爱就没有教育。爱是人类最伟大的情感，是所有高尚品质和美好道德的核心。教育之没有情感、没有爱，就如同池塘没有水一样；没有水，就不成其池，没有爱就没有教育。

让我们一起用爱开启孩子的一扇扇心灵！

27 教育革命静悄悄

——在文学与音乐的熏陶中成长起来的一群职校孩子

邱礼佳

案例发生时间：2012 年 9 月至 2013 年 11 月

案例简明资料：

（一）姓名：文学社群体：马洁淑（女）、杨娟婷（女）、刘征世（女）、冯沙沙（女）、廖文涛、张绮雯（女）、李诗敏（女）、陈健朗、吴俊宇、潘智坚、杨家浩、陈俊熙、陈以斌、陈莹虹（女）、陈泳怡（女）、劳浩延

（二）就读学校：广东省佛山市顺德区陈登职业技术学校

（三）所在班级：商英班、物联网班、机电班、商贸班等

文学社部分同学合影

引言：音乐熏陶性情，文学洗涤心灵，文学与音乐如流水、如花香给学生以

美和爱的熏陶。教育提升学生品位，提升集体荣誉感、自豪感。

2012 年 9 月 17 日，乐从中学美术教师曾燕团和她的学生们来到陈登职校，用玫瑰花、美术作品以及绚丽的视频，给我们全体教师带来了全新的、优美的德育成功经验和案例。

会后，我给学生们看了曾老师带来的电影——《放牛班的春天》。学生们惊呼："老师，这怎么这么像我们的影子啊！"

因为该学期来了一位音乐实习老师叶子，我就跟学生说："不如我们也成立一个'合唱团'请叶老师带大家唱歌？"文学社的学生说："好啊！"

于是，我跟叶老师商量要唱的曲目，最好能结合舞蹈表演，今年是陈登职校十五周年校庆，争取能在校庆上表演。

十月，国庆节假日回来之后，刚好蔡委员给我们看了他写的诗歌《天下乐从》，并且还有配了曲的合唱版，蔡委员说还可以再尝试谱曲，使之更大气。因为这个合唱版的有点儿歌的味道。

叶老师反复品读、体会《天下乐从》的内容、韵味，谱了另外一个版本，按照交响乐的节奏，再用电脑制作音乐，给人一种宏大、壮丽的感觉。

10 月 15 日，合唱团正式成立，在文学社里面挑了十个学生，虽然大部分学生没有音乐天赋，但本着学习、加强团队意识的目的，只要学生有兴趣就可以加入，并且"约法三章"：加进来之后就不能随便退出！一定要坚持到演出结束。

一开始，学生们嘻嘻哈哈，以为就是来玩。后来，区作协计划 11 月份到乐从举行"镇街文学的传承与发展——顺德作家乐从行"活动，决定引入合唱这个节目。我和叶老师就跟学生说了，既然参加了就一定要做好，不要丢了学校的面子，并规定每周的文学活动课及每天早读的时间都必须集中训练。

10 月 17 日，第一次早读排练，我先讲了纪律，因为新鲜，所有同学都到场了，也还算认真。

连续几天的早读课，叶老师都是教学生吸气、呼气，并且要一直站立不准坐下，身体还要保持笔直。

10 月 20 日是星期六，考虑到时间比较紧，我们要求学生回校继续训练。

第二周，还是练习吸气、呼气、站立。

开始有学生发牢骚了。

开始有人捣乱了，有人趁机玩手机，发出怪声。

叶老师苦口婆心地讲道理，我也在一旁帮忙。

社长马洁淑放学后将同学们留下，跟他们说叶老师是实习老师，能教大家唱歌是文学社的荣幸。

23 日，开始教唱歌了，情况开始有了好转。

过了前几天的新鲜期，又开始有学生说要退出了。

我跟他们说：君子一言既出，驷马难追。不准退出！

之后，又有人在玩，甚至女生也玩起手机、趴在桌子上不起来了。

叶老师软硬兼施，哄着这一群孩子坚持下去。

到了 11 月份，活动即将来临，我们又加大了训练力度。之后，我又选派了一些学生跟着叶老师制作音乐视频。

合唱团开始跟着音乐来唱了。

这么些天过去了，我们花了很多心血，但排练时学生的状态还是不太好。

11 月 8 日是最后一天，我们用激将法调动了学生不服输的精神，每个学生开始进入状态。

11 月 9 日，“镇街文学的传承与发展——顺德作家乐从行”正式在陈登职校报告厅拉开序幕。文学社第一个上台表演合唱《天下乐从》，受到了各位领导、专家的肯定和表扬，之后还跟随作家们参观了罗浮宫家具店、岑桑书屋等，学生们受到了很大的鼓舞。

叶老师结束了实习，同学们依依不舍，并期待校庆来临，继续在学校舞台上表演。

学校决定于 12 月 21 日举办十五周年校庆，《天下乐从》合唱节目居然入选了，而且是学校仅有的五个节目之一！

2012 年 12 月 10 日，叶老师受学校的邀请回校，当晚立刻就对《天下乐从》曲目的音乐合成、曲谱等按照演出要求进行了修改。

2012 年 12 月 11 日，所有合唱团学生参与了蔡委员《一方水土》的新书发布会；跟随叶老师一起负责接待、采访等工作，并为《天下乐从》合唱团重新组队演出做准备。

2012 年 12 月 12 日，我们在原来的基础上，重新到各班选人，充实《天下乐从》合唱队，并进行排练。

就这样，我们组成了 15 个人的合唱团进行排练。

2012 年 12 月 16 日，在叶老师带领下，三名合唱团成员随学校舞蹈队到广州花都参加“第三届岭南舞蹈大赛总决赛”，并对我校的赛事情况进行采访、跟踪、报道，更重要的是为校庆的演出积累经验。

2012 年 12 月 20 日，所有合唱团成员跟着叶老师和我到乐从小学参加镇的奖教奖学采访、报道，并采访和请教了蔡委员，提前为校庆节目《天下乐从》把关。

2012 年 12 月 21 日，演出取得了圆满成功，我代表文学社上台领奖时，蔡委员刚好给我颁奖，并表扬我们合唱团："你们的合唱和独唱很成功啊!"

教育后记：

教育革命静悄悄！在文学和音乐的熏陶中，同学们在悄悄地改变，教育发挥着潜移默化的作用。

通过一个学期的合唱训练，同学们在活动中与其他同学和老师之间加强了沟通与团队意识，既建立了友谊，又增强了集体荣誉感。同时，活动也加强了每个学生的合作意识，增进了师生情谊。

杨娟婷：现在《东西传讯》担任编辑、记者、总编辑秘书职务。

陈莹虹：乐从某家具公司营销部经理。

刘征世：罗浮宫高端家具导购员。

陈泳怡：大沥某酒店会计师。

潘志坚：纪律性加强了，并且学会了计算机速记、制作网页。

冯沙沙：从高一的新生成长为荆棘鸟文学社现任社长，不仅自己能写新闻通讯，还能组织带领文学社团队外出采访，并加强内部管理，也有了自己的独立意识和人生目标。

李诗敏：进入高职班，为高考而努力。

廖文涛：纪律性加强了，不再整天打"网游"，写了很多小说等文学作品。

陈健朗、吴俊宇、潘智坚、杨家浩等同学在自觉学好专业知识的同时，也加强了个人的修养。

|潜|能|学|生|

成才篇

在职校中，有这样一群孩子，他们有些不同，因为他们曾经历不幸——有的因为天意或意外，身体和正常的孩子不同；有的由于缺少关爱而晚熟叛逆；有的因为挫折逆境而自卑忧虑。这群孩子，又没什么不同，因为他们和其他孩子们一样都向往光明，向往幸福。职校的大家庭是温暖的——友爱的朋友给予他们正能量，智慧的老师重塑他们的自信心，丰富的活动创造人人出彩的机会，真挚的鼓励激发追求卓越的动力。

28 身残志坚的强者

邱礼佳

案例发生时间：1998 年 9 月至 2013 年 11 月

案例写作时间：2013 年 11 月

个案简明资料：

姓名：黎海峰

就读学校：佛山市顺德区陈登职业技术学校 1999 届财会班

现工作职务：御图装饰设计公司董事长

他，曾经因身体缺陷而自暴自弃；

他，曾经是家长、学校、社会同情并关照的弱者；

他，曾经因为找不到人生的方向和受歧视而痛苦、迷茫。

在陈登职校学习的两年时间里，他深深地感受到老师和同学们对他的关心、鼓励。是陈登职校“成才百分百”的办学理念、不放弃不歧视任何一个孩子的爱的教育，点燃了他成功的欲望，给予了他自强不息、直面人生的勇气。

他是陈登职校 1999 年财会班毕业的学生，他的手脚天生畸形：两个脚掌向外翻，双手也向外弯曲，这导致他行走和书写既缓慢又不方便。对于这样一个残疾儿，父母觉得他这一生能够自理就已经很欣慰了。但他在陈登职校学习的两年中，在学校“成才百分百”理念的引领下成长起来了，成了一个顶天立地的好男儿，成了学校开办以来“身残志坚”的典型，成了生活的强者。

不服输、不认命，是他的性格；不怕苦、不怕难，是他的作风。他用凤凰涅槃般的拼搏精神，实现了人生的飞跃。他就是我校优秀毕业生、现为御图装饰设计公司董事长的黎海峰。

黎海峰出生于一个普通的家庭，父亲是普通工人，母亲在家务农，他有一个姐姐和一个妹妹。然而，造化弄人，姐姐和妹妹都很健康，唯独他一出生就是“天生马蹄足外翻”，外形和行走姿势都很“怪异”。

“我因为种种灾难与不幸，一不小心给上帝咬了一口。”黎海峰说。作为一个残疾人，他也曾问过天、问过地。特别是当他慢慢长大，意识到自己的“与众不同”并受到别人的嘲笑与歧视的目光时，也曾痛不欲生，追问上帝为什么对他那么不公平。

小时候，他的梦想是当一名医生。初中毕业时，他以优异的成绩考上了一所中医药学校，但由于“马蹄足”，他被学校拒之门外。他曾一度感到前途黯淡、心灰意冷，也曾埋怨命运不济，甚至想过结束自己的生命。就在他被拒于那所中医药学校大门、感到十几年的努力和汗水将付诸东流、梦想在现实中即将瞬间破灭的时候，他来到了陈登职业技术学校。他知道，这所学校不会因为他的“残疾”而拒绝他，也不会因为其他原因歧视任何一位学生，因为学校贯彻的是“职校生百分百能成才”的办学理念。这所学校重视技能，只要能学到一技之长，就能作为谋生的工具。

刚进学校时，黎海峰多次因同学投来的惊奇的目光而自卑，并由此萌生过退学的念头。但在班主任的鼓励下，他慢慢地学会了面对残酷的社会现实，也许是出于生命的本能，他用超出常人百倍的努力和汗水挑战自己。班主任多次跟他谈心，并且让同班同学多关心他，也讲了很多身残志坚的成功人士的故事鼓励他，并且告诉他，逃避不是办法，自己应该比别的同学更加勇敢。

学校、老师和同学的关爱，如灿烂的阳光温暖着他的心灵，与此同时，通过阅读，他树立了坚定的信念，自信地抬起了头，更加勤奋快乐地投入到职校的学习、生活当中。

黎海峰能读完职校已属不易，他在校期间优异的表现，深深地打动了许多同学。毕业后，他进入了一个全新的行业——室内设计，经过几年的拼搏努力，现在的黎海峰在乐从设计行业大有名气，不但是御图装饰设计公司的老板，更是顶呱呱的装饰设计师。同行说起他时都竖起大拇指，我校也以他为荣，他不愧为“身残志坚的强者”。

陈登职校“成才百分百”的办学理念，以及不放弃、不歧视任何一个孩子的爱的教育，如一缕春风，给予他在职校两年的学习中自强不息、直面人生的勇气，点燃了他对成功的渴望。由于勤奋，他的成绩在班里名列前茅，经常得到老师的表扬并获得了各种奖励。

1999 年的 6 月份，他正式踏入社会，一开始以为凭着自己在学校两年的努力，一定会有人欣赏自己的才华和勤奋。他托了许多朋友和亲戚帮忙留意工作，不知不觉半年时间就在迷茫中过去了，许多单位听说他是职校毕业的，已然有很多顾虑和怀疑，一见面再看到他的“残疾”，更是一口拒绝。他的意志也就这样被时间一点一滴地磨灭掉了。就在他想放弃的时候，母亲从一个邻居口中得知她的女儿和女婿是做室内设计的，在家里开了一个工作室，正在招人，于是就恳求邻居说：“我的儿子虽然手脚没有正常人灵便，但他很勤奋，请您给他一个机会吧！”听到母亲低声下气地求人，他心里很不是滋味，他对老板说：“如果您愿意收我为徒，我一定会加倍努力，用我的努力去证明给所有人看我能行。我一定不会令关心我的人失望！”老板被海峰的热情所感动，他说：“那好吧，我愿意给你个机会试试。”海峰就这样踏入了室内设计行业。在工作室里工作时，他每天去得比任何人都早，走得比任何人都晚。中午休息的时候，同事们有的在睡觉，有的出去逛街，还有的在聊电话，而他却在练习 CAD 等设计软件。功夫不负有心人，他终于从一个外行人变成了全公司 CAD 操作得最熟练的人！他还很快学会了做效果图，基础越来越扎实！老板逢人便说：“我没看错海峰，他给自己争了口气。”

工作五年后，他想去工程公司学习施工方面的知识，于是便将自己的想法告诉了老板。老板鼓励他说：“如果在外不顺心的话，就回来吧！公司的大门永远为你敞开，这儿永远是你的家！”海峰说：“请您放心，我不会让您失望的，因为‘强将手下无弱兵’。谢谢您！您永远是我的老板、恩师！”老板和老板娘都会心地笑了。就这样，他结束了五年的学徒生涯。凭着良好的基础，他很快就在本地找到了一家装饰设计工程公司，并在这家公司担任主管一职，参与了该公司很多大型的设计项目，例如：佛山新城区世纪莲高尔夫球场练习场、乐从亚洲塑料交易中心、富源商贸大厦等。在新老板的指导下，他学到了很多施工方面的知识，但永不满足的他又有了新的追求。

在该公司工作了一年后，为了更好地发展事业，他做了一个让周围人震惊的决定：去北京做手脚矫形手术。家人和朋友都很担心，万一手术失败怎么办？但黎海峰意志坚强，他不服输，决心和命运赌一回。

经过了这次大型而痛苦的手术之后，他真正体验到了什么叫作“痛彻心扉”和“撕心裂肺”！在生与死、血与火的洗礼中，他获得了新生！

手术很成功！在北京住院疗养期间，他看了许多设计方面的书，更增强了他做设计的自信心。从北京回乐从后，海峰先用半年时间在家做康复锻炼，之后回到公司继续工作了一年。正如蚕蜕变成美丽的蝴蝶必须经过漫长而痛苦的脱茧一样，苦难对于生活的强者永远是一笔不可多得的财富！

这么痛苦的过程他都挺过来了，还有什么不能尝试的呢？一次次的苦难、一次次的坚持、一次次的成功，更加激发了他的自信心！不服输的他又有了更为远大的目标，想再次挑战自己：他想创业了。

主意已定，他开始筹划他的事业。在乐从找到了一家 60 平方米的店面之后，他离开了公司，迈出了创业的第一步。在创业的第一年里，一开始只有两个人的公司慢慢地发展到了十几个人。看到公司业绩蒸蒸日上，他又在隔壁租了一个160平方米的店面。

黎海峰不仅仅是个成功的商人，他还关注学校的发展，报答学校对他的培养。他接纳两位专业老师到他的企业锻炼半年，每年都有设计班的学生在他公司实习，师生反映很好，说能在他身上学到不少东西，尤其是他在困难面前不低头的精神。

我校坚持的“成才百分百”教育理念，在他心里留下了深刻的烙印。他告诉我：“学校没有放弃我，让我看到人生的辉煌，我感谢学校的信念教育，我的今天离不开陈登职校。自己能做到今时今日的成绩，身边很多朋友都很佩服我，可我觉得我和别人没什么不同，我做的只是做好自己。我告诉自己要不断地努力、不断进步，才能为自己在装饰设计行业里争取一席之地。”他真的是“身残志坚的强者”，是我校“成才百分百”教育理念培养的成功典型。

学生记者采访了黎海峰，他谦逊地说：“其实我所取得的一点点进步都应该感恩社会、感恩学校！特别是感谢父母，感谢第一个老板对我的扶持。是学校的‘成才百分百’教育改变了我的人生，是学校的大爱精神鼓舞着我走向创业之路。”接受采访时，他露出幸福的微笑，对美好生活的向往溢于言表。

幸福永远属于有理想、有担当而且自信、乐观、敢于追求的强者！不安于现状的黎海峰，依旧奔跑在扩展事业的路上。我们完全有理由相信，在今后的日子里，黎海峰将用执着、诚信、坚强和智慧创造更多的财富，实现更大的人生价值。

“天空无界”，祝愿黎海峰在乐从这片神奇的土地上飞得更高、更远！

陈登职校老师和小记者采访黎海峰（坐者）合影

29 外乡少年成长记

杜 秋

李辰涵

照片里的英俊少年叫李辰涵，现在的他自信、上进，而且小有成就。回想起他入读职校的第一年，真可谓“磕磕绊绊品尝青春甘苦，不懈坚持咀嚼成长快乐”。

涵是湖北人，初中毕业后就在老家过起了打工仔生活。在佛山当医生的舅舅觉得他年纪尚小，还是应该回学校读书，于是把他接到了乐从。涵就这样开始了在外乡的求学生活。

第一幕：友情让他坚持读下去

记得涵刚来我班时，由于听不懂粤语，很少有同学和他一起玩，甚至会有个别调皮的孩子捉弄他。涵总是孤零零地自己一个人学习、玩耍，与班级热闹的气氛格格不入。作为班主任的我很着急，暗地里找了男同学阿东，让他主动接近涵。阿东开朗大方，人缘很好，是个特别善良的小伙子。他支持老师的工作，主动和涵做朋友。阿东对湖北的好奇打开了涵的话匣子，他的乐天派性格也感染了涵，他们两个很快便成了好哥们儿，涵从此快乐了起来。涵曾在周记中这样写道：“今年 7 月，我第一次出远门，从湖北老家来到乐从这个陌生的地方求学。刚到这里的时候，我谁都不认识，听不懂他们的方言，同龄的朋友一个都没有，只觉得陌生、无助。每天上学、放学，感觉度日如年。我心情差到了极点，学习基础很不好的我甚至想放弃在这里学习的机会，再回老家打工！在我最苦恼的时候，阿东来到了我身边，主动用普通话和我交流，给我讲本地的生活习惯、风土人情。我也给他讲了很多我在湖北读书时的事。渐渐地，他让我感觉到在这个陌生的地方也有属于我友谊的阳光。也许我不是阿东最要好的朋友，可他却是我来乐从后结交的第一个朋友，他给了我勇气，我开始试着改变消极的心态，更加积极地融入班级。慢慢地，在他的帮助下，有越来越多的同学向我伸出友谊之手，我收集到了更多的阳光。在这里我不再是一个人了，我找回了我的快乐，不会再不想读书了。”朋友永远是青春最美丽的记忆，真挚的友情让涵坚持读了下去。

第二幕：内心最真实的呼唤帮他找回迷途的自我

涵是个聪明的孩子，自从重拾了信心，他在学习方面便有了很大的进步。第一学期的期末考试，他考了全班第十五名，我打算推荐他参加电子商务竞赛的培训。可是，接下来发生的一件事，却让我乱了分寸。

一天傍晚放学后，我回课室去取遗忘的教案。推开门，眼前的一幕让我惊呆了：一个高大的男生正搂着个女生卿卿我我！我定睛一看，居然是涵和蕾！

蕾，以全校第三名的成绩入校，是我班上的班长，更是三好学生。回想涵和蕾的相处，确实有一起吃饭、放学一起回家的情景，但出于对好学生的信任，我一直坚信他们之间是纯真的友谊，真没想到他们居然发展到了这个地步。我把他们领到办公室，先狠狠地批评了一顿，然后打电话叫家长。听到要叫家长，涵的脸变得煞白，而蕾“哇”的一声就哭了，哀求我不要叫她母亲来。不过我觉得这正是我要的效果，于是我坚持给他们的家长打了电话，看他们以后还敢不敢做出这样的事。

令我震惊的是，涵被舅舅带回家后，当晚便失踪了！我有点不能理解，一向懂事的涵，为什么就这样不负责任地一走了之了呢？仔细想来，无论哪个学校、哪位家长，都一再强调不能早恋，对于职校生我们更是“谈恋色变”。当涵被老师撞破他和蕾早恋后，一方面对平日里关心、信任他的老师和舅舅深感羞愧和内疚；而另一方面心智还不成熟的他面对突如其来的压力，又不知道该如何排解，因此最终选择了逃避。

我想当务之急还是要找到他。但他没有手机，联系不上。我想到了蕾，希望能从她那里找到些线索。那是我第一次去蕾的家，她的家略显简陋：一家人挤在一个破旧的仓房里，灯光黯淡，墙角堆满了塑料瓶和易拉罐。母亲照顾着弟弟和双目失明的爷爷。蕾的自尊心很强，一直坚持不向学校申请特困补助，而是利用课余时间打工挣钱贴补家用。我讲了涵失踪的事，她再一次泣不成声。她母亲也一个劲儿地向我道歉，并责备女儿。我隐隐感觉到这可能是个单亲家庭，小心地问起父亲，她母亲哀怨地说父亲在蕾八岁时就离家出走了，至今未归。那一刻，我的心像被什么猛烈地撞击了一下，我终于明白了蕾的眼泪和哀求，她不想让含辛茹苦的母亲失望和难过。蕾用最真诚的语言表达着歉意，说她和涵平时最多就是一起看书、一起规划人生，彼此分享喜乐、化解忧愁，从没做过什么出格的事。她还急切地保证，等涵回来，她一定不会再和他交往下去。望着不停哭泣自责的蕾，我非常的后悔。其实是我错了，是我逼走了涵，也伤害了蕾，因为我太漠视他们的感情和自尊了。

万幸的是，蕾有涵的 QQ 号，我决定发一封邮件给他，希望能弥补自己的过失。在邮件中，我向他真诚地道歉，并附了张他们的合影。在邮件末尾我写道："她一直在为你哭泣，难道你舍得让她难过？回来吧，我们都在等你。"

令人欣慰的是，涵是个重情义的人，很快他就向我与家人报了平安。一周后，他回来了，蕾也终于露出了久违的笑脸。看着疲惫消瘦的涵，我没多说什么，只是轻轻地说了一声"回来就好"。涵似乎也看出了我的小心翼翼，放学后主动找到了我。几天不见，涵成熟了很多，他诚恳地说："老师，看了您的邮件后，我就打电话给蕾了，她哭着劝我回来，我觉得不回来对不起她，也对不起您和舅舅，我内心最真实的想法是不能让关心我的人为我担心，所以我回来了。老师，对不起，我保证不会再那样了，我会把精力放在学习上的。"

那时的他可能不明白，自己内心最真实的呼唤就是责任的呼唤。负责任是男孩子最可贵的品质，有责任心的男孩子即使偶尔迷途，也会知返。涵遵从了他内心最真实的呼唤，最终选择把青春之恋埋在心底，专心参加竞赛培训。

这件事对我的触动特别大，现在回想起来，自己当初用那么简单粗暴的方式对待孩子们美好的初恋是多么的愚蠢和残酷。后来的日子，我在班级开展了很多关于爱的探讨的活动。我想，粗暴地阻挠孩子早恋只会把事情弄得更糟，没有触动心灵的教育是无效的，而真诚地与孩子们沟通交流、多想办法教会孩子如何去爱则更加重要。

第三幕：兴趣和目标激发了他的潜能

涵加入学校电子商务竞赛小组后，对在淘宝开店产生了极大的兴趣，在专业老师的指导下，他开了个销售计算机外设器材的小店。记得做成第一笔生意的他买了甜品高兴地跑来向我汇报，他和我说了好多计划，还说一定会努力让生意红火起来。接下来，涵为了他的目标忙碌了起来：在校园里发传单、做广告；和湖北老家的朋友联系，让他们买自己店里的东西；通过 QQ、微博等方式找销路；跑去广州进货；学习装饰自己的网店；给产品照相、美化相片，等等。涵还组织了工作组，和三个同学一起经营店铺。通过实实在在的网店经营，涵不但赚了些钱，还把专业知识学好了，最终获得了代表学校参加电子商务竞赛的资格，并取得了区三等奖的好成绩。

兴趣是最好的老师，目标是成功的原动力。很庆幸，涵在竞赛培训小组里找到了它们，这也为他以后的就业打下了良好的基础。在培训的一年多时间里，涵学会了营销的基本知识，掌握了实用的沟通技巧，电子商务的后台服务训练使他熟练了计算机方面的技能，真实的买卖让他变得更加勇敢和坚韧，早睡早起、跑步晨练让他的身体也强健了许多。当很多同龄人还沉迷于电子游戏带来的虚幻快感时，涵已经开始为自己以后的人生做起了规划。涵的成熟与自信让我倍感欣慰，我也相信，他肯定是我们班最先成就一番事业的孩子。

三年后的一天，我收到了关于他的好消息：

中国 TCI－BH 车队经理及队员：李辰涵

年龄：23

职业：concap **销售总监**

个人主要成绩：

2012 **福玛特车迷嘉年华·御盛森林马场收站大赛　**29 **寸组第五名**

2013 **禧玛诺车迷节（广州站）　精英组第六名**

2013 **“禧玛诺”杯喜德盛国际自行车训练基地山地自行车赛　普通组冠军**

2013 **喜德盛国际自行车训练基地启用仪式暨赛道测试赛　团体第一名**

2015 年初，涵来看望我，现在的他不但完全适应了广东的生活，还高兴地告诉我，他现在既充实又快乐，自己的工作是他喜爱且能胜任的，老板也很器重他。他的下一个目标是把自己的车队打造成全国一流的车队。

看着眼前这个侃侃而谈、勤奋上进的外乡小伙，我非常自豪。是的，每个孩子都有成功的潜质，成长背景不同不要紧，成长路上的磕磕碰碰也不要紧，只要我们用心帮孩子们找到信心，他们每个人都能成才。学生的成功是老师最大的幸福，我感受到了，你呢？

30 为了学生，为了“百分百”

张　诚

题记：本文讲述的是在升大高考中践行“成才百分百”理念的案例，它真实记录了升大辅导中的各种味道，展现了在升大班转化学生所面临的艰辛，以及成功后带来的喜悦，彰显了“成才百分百”教育理念的巨大魅力。

2013 年 6 月 25 日，是中职高考的放榜日。

随着一个又一个名字跳入我的眼帘，我很快地发现：中途想放弃的她却考上了；调皮、有个性的，被老师断定高考一定与大学无缘的他也考上了；坏习惯缠身，平时月考成绩总在 150 分左右的她也出乎意料地考上了……

全班 51 人，50 人上线，上线率 98%，全区名列第二。我原以为很难考上的几位学生，却都奇迹般地考上了。

抚今追昔，那些熟悉而又陌生的面孔，在模糊的记忆中渐行渐近。一开始我那燃烧的激情、期盼，和一些学生的倦怠、放弃，在经历了“烽火连 10 个月”的碰撞后，如今已成为一道令人难忘的风景，在我的脑海中熠熠生辉。

高职班的学生并非我想象得那么好管，高职班的班主任除了敬业外，更需要责任和担当。在他们疲倦时，你要给学生正能量让他们永不懈怠；在他们迷茫时，你要成为他们信念的灯塔；在他们学习遇到困难时，你要指点他们的迷津；在他们遇难而退时，你要帮他们树立克服困难的信心……

总之，我的职责就是让他们展翅高飞，以及百分百成才！

在我教升大班的一年里，我尝到转化学生的“酸”味

刚进升大班时，有些学生因为要和原班的好友在同一个班，要求换班；有些学生不适应高职班的苦读和严格的管理制度，中途要回原班；有的考大学的信心并不坚定，如马同学、陈同学、黄同学……我必须三番五次、五次三番地做工作，甚至找来家长或原班的班主任协同做他们的思想工作。

我就像一个生意人，像努力推销自己的产品一样劝说他们：“读大学虽不能百分百改变你的命运，但可以增长知识，提高能力，开阔视野，获得学历。”并以自己的经历以及周围的人和事为例，反复劝说他们，这种“酸”味可想而知。

有时强扭的瓜真不甜，有的学生还很“气”你、“辣”你。

马同学开始时非常不愿升大，还经常散布“读书无用论”。在班上、QQ 群里说考大学的坏处，还在教室里聚众大喊大叫，在班上显得很另类，桀骜不驯。每周开学时她都涂脂抹粉，还无故请假。有一次我没有批准，她转而要她妈妈帮忙请假，我说服她妈妈不要听她的话，她便大发雷霆，赌气回家了。后来我去家访，并多次做她的思想工作，此事才得以平息。但好景不长，有一次我在班上批评陈同学搞小动作时，马同学却很恼火：“你惹了我的朋友了，读书是自己的事，用不着别人来管，我看不惯。”她当面在教室里与我斗嘴，发飙后扬长而去，我没有办法，只能叫她到办公室里慢慢开导，两天后才有所好转。后我发现她英语不错，就选了她当英语课代表，负责英语成绩较差学生的辅导。经过无数次的“较量”，慢慢地，她像变了一个人似的，开始说我的好话，行为举止也有了转变，同时成绩也在不断地提高。

在我教升大班的一年里，我尝到转化学生的“苦”味

当老师是一个辛苦活儿，在我去杜同学家家访时，就深刻体会到了这一点。

杜同学从小就受到他父亲的溺爱，并对我们的家访置之不理。小学三年级时，就曾经有多位老师找过他谈话，但毫无效果。最让班主任头疼的是，杜同学的父亲从来不管他，甚至纵容他，所以他迟到、早退、缺课的现象频频发生，说谎更是轻车熟路，而且从来都是面不改色。

我批评他，他便针锋相对。我课堂上提醒过他、寝室内找过他、校园里寻过他……家访了十余次，他先后写过 5 次保证书，做过 3 次检讨，学校领导也多次做了他的工作，但都没有什么效果。最后，他母亲没办法，将他全权委托给我。

去年 4 月份，杜同学跟我说他不想升大了。这时，我觉得应该改变策略了，既然正面突击太难，不妨从侧面入手。我想起美国的一句谚语：“打不过的敌人就是朋友。”这时杜同学意外地得了阑尾炎，手术后，我带着班长和他的好友吴同学买了水果和牛奶去看他，他很感动，并向全班许诺：一定要考上大学，严格遵守纪律。

为了彻底解决杜同学的思想问题，我又多次找他谈心，了解他的思想情况。辛勤的付出终有回报，在 2013 年高职高考中，杜同学考上了大学。

在我教升大班的一年里，我尝到转化学生的"辣"味

何同学已成为升大班里最让我头痛的人，不知道当初他为何来升大班。他上课迟到、早退、旷课，甚至在寝室里大吼大叫，并且屡教不改。

对此，我制订了详细的转变计划。

首先要找到打开他心锁的钥匙，避免"硬碰硬"。为此，我心平气和地跟他谈心，了解他到我班来的动机，他回答："当然是为了考大学。"这说明他有一颗积极向上的心。

然后，就要来一点威慑力，给点"原子弹"之类的劝告和警诫，"原子弹"的作用在于威慑而不在于使用，在于剔除他心灵上的杂草，根治他屡教不改的散漫习气。

最后，就是利用常规的"爱心大比拼"。我从早到晚对他盯得特别紧：早起晚睡督促他，上课自习看着他，作业笔记检查他，课后警钟敲敲他，有时进步表扬他。

去年 5 月份的第八次月考，他在班上考了倒数第一，他哭了。我马上请他吃饭，在饭桌上开导他，帮他找对策。经过我苦口婆心的开导，加上班规严格地约束和威慑，他改变了很多，很多不良习气也不见了，成绩也有了很大提高。

改变何同学这类学生的过程，虽给我带来了许多麻烦，但只要用责任心和爱心去关爱他们，奇迹就会发生在我们身边。

在我教升大班的一年里，我尝到转化学生的"咸"味

陈同学的家庭条件一般，学习较差，尤其是数学。她从来都是用头发遮着脸，很内向且自卑，但有时却又十分的傲慢。

不满和挑剔是她发泄怨气的前奏，特别是当老师批评她时，她会莫名其妙地发火；批评过于严厉时，她会对你不理不睬；找她谈话时，她把后背对着你，眉宇间散发出愤怒和怨恨。

做她的思想工作，虽然面临着风险，虽然需要小心翼翼，但我始终不曾放弃。我开始找与她要好的同学，让更多同学和她谈话，从不开口到讲话，慢慢地启发她。

我每次上课都提问她简单的问题，集体活动也热情邀请她参加。在一次次的回答问题和集体活动中，她找到了自信，赢得了同学们的信任，收获了久违的快

乐，成绩进步了许多，人也变得开朗了。

在我教升大班的一年里，我尝到转化学生的“甜”味

2013 年 6 月 25 日高考放榜的那天，我收到了很多学生感人的短信和家长的感谢电话……我的工作得到了家长和学生的认可。

我翻看着这一条条的短信：

“老师，我是陈同学，谢谢您这一年这么辛苦，想尽各种方法把我留在升大班，想尽各种方法改变我的性格，谢谢了，真的！很庆幸我当初没有离开升大班，这一年弥足珍贵！每次想起高考时您帮我找身份证的事，都会使我潸然泪下。我一直很害怕自己考不上，怕对不起老师、家人的付出！今天成绩出来了，虽然我成绩不理想，很后悔，不过已成事实，老师，谢谢您，辛苦了！”

阮同学说：“您是我见过的最好的班主任。”

何同学说：“诚哥，我高考考上了，我和我家人都很开心啊！谢谢您，我请你们吃饭。”

陈同学说：“谢谢您，老师！您帮我改掉很多不良习惯，我一定好好读大学来报答您。”

马同学说：“这一年我真感动，我真想在毕业那天拥抱您，谢谢您，老师！您太辛苦了，下一年别那么累！”

……

冰心曾说过：“成功的花儿，人们只惊羡她现时的明艳，然而当初她的芽儿，浸透了奋斗的泪泉，洒遍了牺牲的血雨。”正因为经历了磨砺、经历了无数的痛苦，才有了今天的点滴成绩。

升大辅导的历程虽然充满了酸甜苦辣咸，但升大辅导的成功，也彰显了“成才百分百”理念的巨大魅力。只要相信学生、关爱学生、不放弃学生，学生就可以百分百成才。

31 职场牛人梁紫君

陈洁红

这是个瘦弱的女孩，身高才155厘米，体重不到90斤。就是这样一个女孩，在毕业后短短的三年时间里，由一个月收入800元的普通职员成为月收入过万的公司副总，管理着四间塑料公司和一间钢铁公司，其中的一间塑料公司还以她的名字来注册。新经营的钢铁公司由老板出资经营并分给她一半股份，而且给她配备了保时捷豪车代步。

这个牛人是谁？她就是梁紫君，陈登职业技术学校2007届商务英语班的学生。从一个普通打工者到今天的辉煌，梁紫君的生活并不是一帆风顺的，也是经历了不少的曲折。

2010年7月，高中毕业后在家待业的紫君听从表哥的建议，利用一个多月时间在家背熟了5 000个家具专业英语单词，然后到乐从某家具企业面试。经过面试后，老板答应聘用她，让她三天后来公司上班。

三天后，她准时去到公司上班。

大而杂乱的办公室里，员工在各忙各的，个别客户在等业务员来办事，紫君则在等老板来安排事务。等了好长时间，老板终于从他的办公室里出来了，他的身后跟着一位靓女，还有一位欧洲白人。

送走了客人，老板终于发现了站在他办公室门前不远的梁紫君。

“你是前几天来我这面试的陈登职校的学生吧……呃，是这样，我公司现在不需要你了！”

“老板，三天前你不是答应我让我今天来上班的吗？你对面试表示很满意的啊！”

“你没见到吗？刚刚那个女孩就是我新请到的英语导购！”

“老板，你不讲信用，做生意要讲诚信的，你答应的事怎么出尔反尔了呢？”

“我叫你走人，听到没有？你今天就被炒鱿鱼，别在这里废话。”

“老板，你给我一个机会，我在学校是学商务英语的，家具专业英语单词我已熟记5 000个了，我相信我的口语和专业能力能胜任这项工作，好吗？”

“你走吧，我这里已经请到正规大学毕业的大学生了，你是什么？只不过是职业学校毕业的高中生！”

“高中生又怎么了，我的专业水平不是你想象的那样差！请你给我一个机会，我一定不会让你失望的！”

“走！走！你走！别在这里烦人！”

紫君伤心地走出了公司的大门。身后一个二十七八岁的男子追上她，递给她一张名片。

“刚刚那幕我看到了，有兴趣可以来我这里工作，区区做塑料的小公司，如不嫌弃，明天来上班吧。月薪800，包午餐。”

就这样，紫君来到了她现在老板的公司上班。

在这个公司工作一晃就是半年，这里的月薪比同行业的稍低，就更别提升职了。再这样下去有没有出头之日？紫君有些沉不住气了。本来家庭环境就一般，还有一个妹妹在读书，这样下去怎么行？她想换工作，把这一想法告诉了母亲。没想到母亲却建议她好好坚持工作，说不管怎样，要学会感谢老板的知遇之恩。末了母亲还告诉紫君一个道理：频繁换工作也不好，等于把之前所拼搏的工作业绩全都放弃了，到了别的岗位又要从零开始，还不如脚踏实地做好眼前的工作，争取做出好业绩来。听了母亲的话后，紫君打消了换工作的念头。

坚持真是一件好事。在公司，她做事认真积极，有空还主动帮忙搞搞清洁、买买菜、做做饭，老板很欣赏她，平时外出活动也常带她一起去。

法国著名作家莫泊桑说过：“人生是多么奇怪，多么变幻无常啊，极细小的一件事可以败坏你，也可以成全你。”而紫君恰好是因为一件事成就了她。

一天，老板带她还有公司翻译参加家具展销会。他们在乐从家具博览中心遇到一位外国商人，他向老板询问家具方面的一些情况，身边的公司翻译结结巴巴地给这位外国商人解说着。紫君是一位直率热情的人，加上她之前已熟记了5 000个家具专业单词，见此情形，忍不住上前流利地向外国商人介绍起家具方面的情况……

那天，紫君陪外国商人参观了一整天的展销会。一天下来，紫君为公司谈成了一笔大生意，因为这位外国友人正有意要进一批塑料原材料。紫君当初苦记的5 000 个专业英语单词终于有了用武之地。

老板接了平生第一单大生意，心花怒放。没想到货源不足，最后老板把附近几家工厂的货也借购一空！

从此，老板开始重视紫君，把她的工资加到3 000 元一个月，吃饭则由原来的只包一餐改为包一日三餐。

就这样，凭着自己做事的踏实、勤奋、主动及对公司的热爱，紫君慢慢赢得了老板的器重。老板告诉她进货信息，并带她去进货，让她深入了解进货市场。就这样，半年下来，紫君已经成为生意场上的老手了。

老板是顺德大良人，而公司在乐从，所以不回公司时他就在电话里指挥，让紫君给他汇报行情就可以了，放心地由紫君去打理公司的一切。

平时紫君一早就去公司，到公司后的第一件事就是打开塑料网，了解当天的进货价与最低的销售价位，并定好当天某种产品的售价，然后再着手忙公司的日常事务。由于价位定得合理，公司货如轮转，有时货不够卖，还得到别的公司去借。

就这样，不出两年，老板的生意就由一间公司扩大到两间公司，而她一个人管理两间公司的员工，靠的是她在陈登职校读书时做班长的管理经验。

她只是每周二在总公司开一次会，平时不会到分公司去监管员工。表面上好像员工很自在很自由，但公司的业绩是一条无形的线，使得员工们纷纷努力。而员工们工作之所以这么努力，是因为她说服了老板，使得员工的工资比同行业的要高。而且自从她接管公司后，便给每位员工配备了最好的办公设施并且实行弹性管理，因此没有人想离开公司。

由于她能把在陈登职业技术学校学到的管理知识和商务英语知识用到生意中去，因此紫君加盟公司后生意有了翻天覆地的变化。在短短的三年多时间里，公司生意蒸蒸日上，规模越做越大，由原来的一间塑料公司扩展到现在四家，在收购其他公司的同时还筹划再开一间钢铁公司。

有一天，公司举行庆功宴，紫君的一班同学、朋友也被邀请来了。老板好久没有加她薪水了，她的好友、死党也早有耳闻。聚餐时她们特意找到一张靠近老板的餐桌坐下来。闲聊时，她们你一言我一语故意大声地说："紫君，你一个月多少工资啊？"

"3 000 元，包三餐！"紫君对着老板的方向大声说。公司老板背对着她们坐，全不知这班人的诡计。

老板对紫君的声音比较敏感，听到紫君这话，侧了一下头但没有与身后这桌人打正脸。

"紫君，你为公司出了这么多力，才这点待遇啊，还不如到我公司上班好了，我那可轻松，钱又不比这少！"

"是啊紫君，你这么有能力，去哪都强！"

"对！我替你问问我老板，要不就过来我公司好了，还有年终分红啊！"

一帮死党说完都在嘿嘿地笑。

老板刚刚还在大声说笑，这时则低头看着手机默不作声。

第二天，紫君到老板办公室汇报工作，还没有等她开口，老板就说：“紫君，你到我公司打拼，你的业绩大家有目共睹。我这人就是粗心，也比较健忘，前段时间我夫人还提起让我给你提薪的事，这几天忙着筹备新公司就给忘了。从今天开始，你就是我公司的副总，月薪是 15 000 元。新开的这间塑料公司以你的名字来注册，你没有意见吧?”

紫君有点意外和惊喜，不但提了薪，还意外地有了自己名下的公司!

老板见她在发呆，迟迟没有说话，又说：“你不想接受也可以，你想离开也可以，我给你 5 万元本钱，再给你一间公司让你独立创业吧!”

老板话说到这份上，紫君想：老板真是一位不可多得的好人，他是自己的伯乐，对自己有知遇之恩，自己怎么能一走了之呢?

“老板，我不会离开公司的，我会继续为你打拼的!”

老板笑了：“紫君，还有一件喜事告诉你，我们的钢铁公司有一半的股权是属于你的！全交给你管理了！至于本公司运营的本钱我一个人来承担，等本钱赚回来我们就每人 50% 来分红！但唯一的条件是由你替我管理！你同意吗?”

紫君高兴地答应了。

从此，公司就由紫君一人管理。有了好助手，老板和夫人在公司出现的时间少了，打他们手机，往往都是国际漫游——他们到国外旅游去了。

32 我们班的“生意人”

高翠英

“小老板创业街”是我校商贸专业的一个学生创业训练基地。经过几年的发展，其管理越来越成熟，老师也越来越有经验。从原来的个别学生创业，发展到现在的全体学生参与经营，所有学生都有了锻炼的机会。创业街锻炼着一批又一批的学生，给学生身临其境的创业体验。

营销102班参加创业街经营时，班级分成6个组，经营创业街二楼的6个店铺，店铺实行承包制，不同店铺的租金不同。在老师的严格管理下，不论是商品销售还是其他与销售相关的工作都进行得井然有序。其中，203铺和205铺表现得尤为突出，其负责人就是岑俊霖和郭志铭。他们一改平时在班级里的懒散状态，干劲十足，连小卖部负责批发的老师都对他们的表现交口称赞。确实，自从进入创业街经营以来，同学们的劲头都不同了，中午放学的时候一个个都很积极，催促老师准时放学，让他们去创业街做售前准备工作。

左四为郭志铭同学

岑俊霖同学虽然上课问题多多、学习动力不足，但有着精明的生意头脑，把店铺经营得有声有色，进什么货，进多少货，都要经过仔细考虑，还拿到了店铺经营业绩第一名的好成绩，得到了老师的称赞。店铺一开始经营得很顺利，但后来由于竞争过于激烈，大家卖的东西都差不多，基本上没什么区别，他就开始“另辟蹊径”，渐渐想出了一些生意人的“过于精明”的方法。

岑俊霖的“聪明劲”来了，他跟楼下一个店铺的人合起伙来，竟然想垄断一楼的生意，还说是因为一楼店铺的同学先垄断了二楼的生意导致生意难做才这样做的。这样一来，闹得同学之间关系不和，店铺的另外一个同学要求退出店铺经营。我主动打电话给闹矛盾的同学，才让他们和解。这两个人平日里还是不错的朋友，为了个店铺连朋友都做不成了，真不值得。经过我反复的劝说，最终岑俊霖也认识到了错误的严重性，改变了经营策略，这才相安无事，把店铺继续经营下去。老师感慨道：“这还是小打小闹，都搞成这样，将来在真的市场上要怎么办呀。”在店铺经营的过程中，加强学生的思想和价值观教育也是很有必要的，教师在店铺的经营管理中还要加强这方面的教育。

跟这方面相关的另外一件事也让我印象深刻。学校为了丰富学生的课间生活，也为了给学校的爱心基金筹款，发起了“爱心义卖”活动。这项活动意义重大，不但能给同学提供专业的锻炼机会，更重要的是让学生懂得在做生意的同时要尽自己所能帮助那些有困难的同学，懂得回报社会。义卖活动中的相关商品来源有两个：一个是创业街现在经营的商品，一个是自筹商品（零食除外）。义卖现场很是火爆，同学和老师都纷纷买了很多东西。有的同学从自己家里拿了藤制的小盒子过来摆卖，岑俊霖他们拿创业街的商品来卖，半天下来，由于大家都很热情，卖了不少的东西，也赚了不少钱。但在拿出多少钱来捐给爱心基金的问题上又出现了分歧，有的同学不愿按原定计划捐出一半的利润，显示出了小商人的脾性，不够大气，在意蝇头小利。我们要培养学生做“大商人”的秉性，行事做人都要光明磊落、弘扬正气，在懂得赚钱的同时也要奉献爱心，我想这项活动的目的和意义正在于此。

班上的另一名同学郭志铭，在班里的表现一般，但也显示了一些生意人的特性，他把自己该做的事情做好，从不拖拉。通过创业街经营，老师们发现，他具有经营头脑，而且有生意人难得的坚持，这给我留下了深刻的印象。

在创业街的日常经营中，郭志铭他们的店铺是做得最好的，因为创业街日常楼层的保洁是分摊给每个店铺的，郭志铭这组从来没让老师费过心。他们在销售完毕之后，会把销售现场打扫干净，把大垃圾桶里的垃圾倒掉，将一切整理得井井有条后才回课室午休。我想这就是经营过程中的规则意识，市场经济存在竞争，当然也存在着各种各样的规则，如果不遵守规则就会受到相应的惩罚，这是做好生意最起码的要求。

我们班负责的创业街经营结束后，学校安排学生去顺客隆参加企业实习。实习没几天，我去看望学生，了解实习情况。郭志铭对我说：“老师，请允许我中午回学校一下，我创业街的店铺中午还开着呢。”我很是吃惊。原来，尽管在顺客隆顶岗实习，但郭志铭还是跟另外一个班的同学把店铺又租了下来，继续经营。我同意了他的请求，后来的实习过程中，他每天中午都坚持回校，而在顺客隆，他还是像以往一样的专注。

班上很多同学都像完成任务一样经营店铺，可郭志铭却把店铺的经营当作自己的一项事业，兢兢业业、有始有终，很值得其他同学学习。在班级外出实习期间，我也多次见到他，他做事还是像在学校里一样的认真执着，这是一个难得的品质。

在创业街的经营过程中，不管我们的同学做得好还是不好，作为老师都要及时地指出来，因为这次经营对同学们来说，是一次难得的创业经历，需要老师予以适当的引导。希望我们的同学可以从这样的经历中吸取经验和教训，为自己今后的路打好坚实的基础。这些经历都是人生中宝贵的财富，也是我们的创业街之所以建立和长期运营下去的理由。

33 接过父亲班，撑起家具一片天

罗志青

案例发生时间：1998 年 9 月至 2013 年 11 月
案例写作时间：2013 年 11 月
个案简明资料：
姓名：吴启华
就读学校：佛山市顺德区陈登职业技术学校 97 级财会班
现工作职务：永隆家具厂董事长

吴启华是陈登职业技术学校第一批从财会班毕业的学生，是我校毕业生从事家具行业中的佼佼者，他把家族企业——永隆家具厂发扬光大，撑起了家具市场的一片天。

吴启华 1999 年从陈登职校财会专业毕业，是我校“十周年校庆论坛”的主讲嘉宾，现为永隆家具厂董事长。

在职校读书时，身材瘦小的他不太自信，很害羞，很难在人群里找到他。当时，学校刚开始推行成功教育即“成才百分百”教育理念，目的是让每个学生都可以在某一方面成才。作为班主任，我在上课时会有意无意地提问他，给他发言机会，锻炼他的胆量，平时多给他介绍成功的案例。他从一个害羞的小男生慢慢变得活泼了起来，也敢大声和女生讨论问题了。

当他出现在“校庆论坛”主讲嘉宾座席时，我并不意外，我对他取得成功并不感到吃惊。他面带笑容地回答了老师和同学们的疑问，他说：“今天的我，取得了一些成功，这离不开学校的成才教育。我在学校学到了文化知识，学会了做人，树立了不服输的念头。我的创业之心在学校就开始萌芽，并有了超越父亲的想法。是学校给我树立了成功的信念，没有‘成才百分百’教育，就没有今天的我。”

吴启华的父亲是私营企业的老板，是做家具生意的。他的厂房从村里搬到国道边，又从国道边搬进工业区，规模越做越大，后来在乐从国际家私城拥有了两家分店。

吴启华毕业时进入了父亲的家族企业。刚踏入社会的他，抱着对未来美好憧憬的同时却又懵懵懂懂。他的第一个理想是考驾照，父亲问他：“考到驾照之后要去当司机吗?”他回答：“不是，只是想学会开车而已。”父亲又问：“学会了又怎样？我也不会特意买辆车给你，不过学点技能也很重要，要一步步来。”他说：“其实我也不知道要干些什么，就是想找点事做。”父亲便说:“你不是在职校学财务和营销吗，就到店里帮忙吧。”

于是他开始从事家具营销工作，到自家的店里上班，这是他的第一份工作，月薪是500元。吃和穿都不成问题的他并不太在意工资，当时只是想着做好父亲给他的第一份工作。他主要面对的是国内批发与零售的客户，还负责售后服务。慢慢地，他发现自己开始适应这份工作，对产品也有了进一步的了解，越了解就越想把它做好，他萌生了很多关于市场营销、产品款式、企业运作的想法。然而看似简单的问题，要做起来却并不那么简单，对于刚刚入行的吴启华来说，努力积累经验太重要了。

抱着这种求知欲，他做了两年的家具销售。2002年他转到生产部门工作，父亲当然不会让他悠闲地坐在办公室，父亲问他：“跟客人讨价还价两年了，你真正了解产品了吗?”他说：“我并不是很了解产品质量，也不清楚产品的成本，但我想去了解，也有很多想法想把企业搞好。”后来，吴启华去车间工作，这是他的第二份工作，工作环境当然跟销售店里没法比，但他早已经习惯了。在读书时期，父亲和母亲都在厂里工作，几乎每到休息日父亲都会带他喝早茶，其实就是把他放在厂里，平时就在车间里玩耍。对于车间的生产运作，他并不陌生，只是想进一步地了解。在这里，面对的不是客户和订单，而是各种机械设备和产品原料，他从最基本的开料工序做起，先做接料小工，操台锯的员工是厂里的老师傅，对他也特别关照，吴启华在老师傅身上学到了很多木工基本知识。一年后他又到油漆房学喷漆，当时吴启华的母亲非常反对，她知道油漆对身体不好，但父亲看到了他的决心后，在厂里改用了环保型的油漆。父亲说企业要做大，必须不断创新，材质是产品的良心，样式是产品的灵魂。他记住了这句话：“材质固然重要，靠的是人员管理和节约成本，模仿绝对不是超越现状的出路，厂里要想发展，创新最重要。”

为了更好地继承父亲的事业，他开始尝试做产品设计及市场开拓方面的工作。两年内，他为厂里设计了几十个专利产品，并得到了客户的认同；在市场方面，开拓了三十多家专卖店及代理商。2005年，他开始参与制订厂里一系列企业管理制度，实现了规范管理、安全生产。就这样，他用5年时间完全继承了父亲的事业。永隆家具厂现拥有两万多平方米的现代化标准厂房，有一批高素质的专业管理人员和设计人员，引进了意大利先进生产设备及技术，企业以营造“时尚空间”为己任，所生产的“宏隆牌”影视组合柜（影视墙）、厅柜及装饰酒柜，销售网络遍及全国，更远销东南亚、欧美国家。目前，该企业以“永隆家具”这一品牌形成了全国百余家连锁专卖店的格局。

吴启华

该企业的宗旨是“以信誉为宗旨、以质量为生存、以创新求发展”。几年前，该企业还投资了钢铁市场。

吴启华有十多款家具申请了外观专利，产品大获成功，引领了当时的市场潮流，这是他未曾料到的。2005 年，由于产量大增、招工难等原因，工厂生产模式有了很大转变，从计时报酬制转为按时计件报酬制。面对这种情况，再加上他之前就萌生的新的管理理念，吴启华向父亲提议，现在的管理制度需要改变，不能用老一套的方法去运作。父亲不仅同意了他的观点，还把这方面的工作交给了他。他制订了各车间的生产流程、质量要求以及全厂分工级别的管理制度，还制订了安全生产的标准化体系。家具厂在一系列的变革中顺利成长，他也把工作和精力都放在研发产品和生产管理上。

2006 年，吴启华请广告公司制作了一套企业 VI，即品牌视觉识别系统，制定了品牌营销策划这一路线，利用之前与老客户建立的关系，直接到客户所在地洽谈合作，在客户所在地设立经销点及专卖店，生意不再局限于乐从。为了工厂日后的发展，他的足迹遍布全国各地。那一年，父亲的身体出了问题，把厂里所有的工作都交给了他。他在压力和伤痛中接受了这一切。以前他总认为，只要努力，只要有付出和计划，事情是可以越做越好的，但人生无常，他发现自己能改变的事情并不多，计划也不如变化快。

2007 年，父亲去世了，吴启华也成家了，成了家庭的顶梁柱，也成了厂里的决策者。他继承了父亲的生意，延续了企业的发展。随后几年，他开拓了网销市场，扩建了厂房，投入了环保治理及自动生产线设备，企业已经成为行内备受称赞的信誉厂家，成为市场知名的家具品牌。随着工厂不断发展，国内家具制造业的形势也在不断变化，四川和江西的家具制造业日益扩大，对乐从的家具制造业产生了一定的影响。吴启华的企业转向与国际接轨，走向外贸模式并成功转型。

毕业后，吴启华多次作为优秀毕业生代表回校和师弟师妹们分享他的故事。回首往事，吴启华深有感触。他说：“刚踏进陈登职校时，有父母的关爱，有老师的谆谆教诲，让我有了创业的冲动。进入社会之后，从一开始的懵懵懂懂，到确认自己的职业生涯，再到从事自己的本专业，直到父亲生病去世，我经历了很多很多。意料之外的事情一一经历过，才是真实的人生。正是由于这些生活的意外的磨砺，才使我真正成长，从受尽宠爱的小男生成长为顶天立地的男子汉。”

他说他很感谢陈登职校的老师们对他的关爱、支持和期望，是学校“成才百分百”的理念，以及老师们不断的鼓励、支持和指导给予了他直面人生的勇气，是学校的教育给予了他不断创新的精神，激发了他不断寻求变革的勇气，使得他的市场不断拓展，产业不断升级，自己也成长为一个具有独立精神的成功人士。

34 沉淀蜕变，破茧成蝶！

曹艳琴

题记：曾经的他，是一位极其平凡、默默无闻的学生。他成绩平平，没有任何引人注目的特长；他缺乏自信，沉默寡言。职校三年，他在职校里开始了他多姿多彩的学习生活，积极参与校内外各项活动，最终以优秀的成绩毕业。经过十多年的奋斗，他现已事业有成，不仅是曾获 43 项奖励的中国平安集团的综合金融客户经理，还是 4 家美容院和 1 家饭店的运营总监。从刚入校时的沉默寡言，到后来的大胆活跃，再到今天的成功人士，他庆幸自己当年选择了陈登职校，他对学校和老师都充满感恩。他就是 2002 届陈登职校市场营销专业毕业生阿明。

找回自信，追求成功

阿明的父亲早逝，母亲独自扛起家里的经济重担，他在初中的学习成绩不理想，性格更是倔强叛逆，很难听得进家长的话，但他对家里人还是很关心的，立志要让家人生活得更好。中考时，他因为自小喜欢厨艺，一心想去肇庆学烹饪，而母亲则希望他就近报读陈登职校。他一开始觉得到陈登职校学习不过是混日子，肯定学不到什么东西，但最后经不住家人的劝说，才勉强报读了陈登职校的市场营销专业。入学后，他发现自己在班上的名次很靠后，心里更有了压力。当同学们都在积极交流、迅速适应新的校园生活时，他仍然有很强的抵触心理和强烈的自卑感，沉默寡言，不愿和别人交流。班主任找他谈心，告诉他当今社会学习是终身的，学习的形式多种多样。在老师的引导和鼓励下，他参加了文学社，作为小记者，他有机会与本地各领域的成功人士进行交流；在陈登职校积极向上氛围的影响下，他发生了明显的转变，渴望学习和追求成功的欲望被空前激发了。他开始主动阅读成功营销人士的传记，积极参加专业实践活动，如顶尖推销员比赛，获得了一等奖的好成绩；班主任还让他担任副班长和班主任助理等职务，他积极帮助老师做事，热情帮助同学解决问题，得到了很好的锻炼，能力不断提升，也体验到了从未有过的成就感。也正是在陈登职校的学习锻炼过程中，他确定了自己未来的目标：成为一名优秀的营销人员！正所谓能者多劳，一个学生所做的工作和参与的实践活动越多，将来工作中为人处世及工作的能力基础就越扎实。如今当他在美容院、平安保险和饭店面试应届生的时候首先便会留意学生在校有没有做过班干部。他在回顾自己的职中生活时，庆幸自己当年做出了一个正确选择，他对职校的评价是："感谢陈登职校给学生提供了各种锻炼的机会，给了学习成绩不太理想的学生一个发挥自己长处的平台，让我们敢于树立目标、敢于追求目标！真心感恩班主任还有陈登职校的老师们，让我走出初中时期的叛逆，孵化高中时期的沉淀，才有了我现在的蜕变！"

稳打稳扎，初露锋芒

2005 年，他开始了自己的人生奋斗历程。毕业后就开始在保险行业工作，仅用了两年时间，他就成了中国平安人寿的业务主任。2013 年他开始担任中国平安集团综合金融客户经理，期间他还兼任过员工培训讲师。回想当初，他的第一份工作是给中国平安人寿的经理担任秘书，凭借在学校担任班干部时的做事经验，他适应岗位的速度非常快，而且工作有条不紊，受到上司的称赞，他自己也很高兴。但是第一个月到手的工资只有 600 元，他很沮丧很失望，思考着为什么这么努力工作，工资却仍旧这么低。他向经理请教，经理告诉他，从低做起，就是在给机会让他学习，在考验他能否坚持，因为保险行业就是贵在坚持，"剩"者为王。为了有更好的发展，他一边工作一边报考了广州金融专修学院，半工半读完成了本科课程。终于，两年过去了，他已成为具有扎实能力的业务高手，直升业务主任岗位，而他的工资比起刚进平安的第一个月有了差不多十倍的提升。2008 年他还拿到了本科学士学位证书。保险业是国家金融体系中不可缺少的三大支柱之一，但保险销售却是一个令人很难坚持的工作。他说："我认为一个行业如果你没有十年八年的沉淀是不会有成就的。平安给我这十年的机会，一路走来，我收获了经验，收获了人脉，而且我坚信我所从事的行业是一个朝阳行业，是一个能帮助人成就自己事业的行业。我觉得这是我能有现在成就的最基础的信念。"回顾这段经历，他自己是这样总结的："只要加强自身修养，提高自己的素质，品学兼优，是金子放在任何地方都是会发光的。对于一个单位，一个企业来讲，要重能力、守信用、遵纪守法，要不断创新，发挥正能量。'好酒不怕巷子深'，慕名而来的人肯定会络绎不绝的。"

多元跨界，大展身手

在保险行业从业 8 年后，他结识了很多人，也得到了很多人的信任与赏识。2012 年，在美容院老板的邀请下，他开始接触一家经营了 19 年的老牌美容院——天池丽人，并担任运营总监一职。2013 年还经人邀请去一家经营了 20 年的老牌饭店担任顾问一职。他把这当成一次学习和积累经验的机会，不求高薪，只是认真做策划，积极实践。经过两年的努力，在健康发展的基础上，该美容院由原来的单一店面营业发展出三家分店，且业绩逐年递增，第四家分店也已在开业筹备当中。他为自己也为美容院定下的目标是五年内将这家美容院经营成集美容与休闲于一体的新型综合美容院，成为乐从本地最顶尖的美容院。他开玩笑地说，到那时乐从只有“两家”美容院，一家是天池丽人美容院，一家是“其他美容院”。刚一跨界，便处处开花，取得不少成就，他信心十足。而在饭店的经营上，他整顿店务，让其运作更流畅，同时合理压缩运营成本，仅 2014 年便使饭店运营成本节约了 13%，在激烈的竞争中，饭店的发展势不可挡。他的工作格言是：“保持良好的心态，在我身上只有正能量！我不会给自己任何压力，因为我会把每一件事都做到令自己满意为止！每天起来我会对自己说：今天又要努力工作！”他身跨三大行业，依然精神抖擞，享受着工作带给他的满满的充实感。

信心规划，精彩人生

曾经被动、茫然的他，现在已经充满自信地规划着自己的人生，工作生活二者兼顾。在繁忙的工作中，他用周末固定地陪家人。他这样规划自己的人生目标：在 25 岁前买小车，27 岁前要拥有两辆小车，30 岁前要拥有自己的房子，这些目标在他的奋斗下已经一一实现。他给自己确定更高的目标，不断挑战新高度。有一次阿明给自己定了一个目标，过年全家人去泰国旅游需要 18 000 元，如果在一周内赚到 18 000 元，过年就带着全家人泰国自由行。他朝着制定的目标向前冲，第 7 天，他完成了！每年年末他都会计划好下一年外出旅游的城市，2014 年他去了国内的 12 个城市，国外去了曼谷、首尔。2015 年他计划到国内 12 个城市旅游，国外城市要去 4 个。游历让他的眼界更开阔，在工作中有了更多新的思考，他人生的精彩画卷正在徐徐展开……

后记：近几年来，大学毕业生工作越来越难找，付出的成本高而收获低，导致有些贫困学生干脆不参加高考。与此形成鲜明对比的是，中专、高职、职高学生的就业却相当顺利。据报道，中职生的就业率高于92%。职校本着“不唯学历，不唯职称，不唯资历，不唯身份”的“四不唯”人才观，强调“人人都能成才”。因此，中职学校担负着把这些可以说学习成绩不是很优秀的学生培养成高素质的、具有综合职业能力的应用型技能人才的任务。我想，阿明只是众多职校毕业生之一，但在职校的经历提高了他的素质，使其为适应社会需求树立了自信心，并有了顽强的毅力，成为具有综合能力的应用型技能人才，这正是“成才百分百”的陈登职校办校理念的体现。

附：阿明个人简历

2002 年—2005 年	陈登职业技术学校——职校
2005 年—2008 年	广州金融专修学院——本科
2005 年	中国平安人寿秘书
2007 年至今	中国平安人寿业务主任
2006 年—2007 年	顺德中旅兼职导游
2012 年至今	美容院运营总监
2013 年至今	中国平安集团综合金融客户经理
2014 年至今	饭店运营管理

35 多一个机会，多一份惊喜

霍锦焕

中职教育在某些人看来是一种“底层教育”，他们甚至认为接受中职教育的学生都是综合能力差的、没有希望的学生。但我想对持有这些偏见的人说，你们真的深入了解过中职教育吗？真的有跟中职学生交谈过吗？中职教育不仅培养了学生较强的就业能力，而且还培养他们成为综合能力强的技能型人才。作为一名中职学校的教师，每天看着学生们在中职教育的旗帜下不断地茁壮成长，看着他们一点一滴的改变，我感到很欣慰。

中职学校学生的技能竞赛，比的不仅是学生的技术能力、应赛能力，还是辅导老师对学生的培养能力。作为技能竞赛的辅导老师，除了要辅导学生的专业技术知识外，还要辅导他们的心理，及时与学生沟通，了解他们的最新动态。在辅导学生参加电子商务技能竞赛的过程中，我看到每个学生心中都有一团“成功之火”，这也让我充分理解了梁泽洪校长所倡导的“成才百分百”的教育理念。

在参加电子商务技能竞赛的学生中，我曾辅导过这样一个学生，叫麦同学。他性格较为内敛，不善于把内心的真实想法表达出来。我刚接触他的时候，麦同学很少说话，对老师所安排的训练内容只是简单地点头，或者回一句“哦”就完事了，从不多问一句。我刚开始还以为他很听话，老师吩咐的事情都点头答应，以至于训练之初对他太过放心了，没把关注的重点放在他身上。随着训练的日子一天天地过去，比赛的日子也一天天临近了，我却发现麦同学的问题接踵而至。

由于电子商务竞赛是一个团队的竞赛，团队由 3 个成员组成，每一个成员要分工协作完成网站的建设，每个人都要做好自己所负责的版块，缺一不可。由于麦同学语言文字功底较好，得到了班主任的大力推荐，因此，我们把网店买卖流程策划及宣传的任务分给他。一天上午，我到培训室进行突击检查，想看看同学们的练习情况如何，谁知道一推开门，却我发现每个同学都在练习自己的训练内容，就只有麦同学趴在桌子上呼呼大睡。

我把他叫醒后关切地问：

“哪里不舒服了?”

“没有，只是有点困。”

“昨晚没睡好吗?”

“睡好啦，但现在没事干啊。”

听了他的回答，我便让麦同学给我看看他修改的内容，谁知道一点修改的痕迹也没有。我及时了解个中原因，并耐心地辅导他完成修改，同时也给了他一本写网站软文的书籍以供阅读参考。这件事之后，我对麦同学多留了一个心眼，对他的动态也时刻关注。随着我关注的深入，我发现麦同学虽然每次口头上爽快地答应了老师吩咐的修改任务，但是每次都不怎么去修改，甚至有点固执己见，在整个团队中进步较慢，拖团队后腿。

到了训练的中后期，为了加紧练习，所有的参赛学生晚上都要进行综合应试训练。开始训练的时候，麦同学由于对流程不熟悉，常常会犯一些错误。一开始我都会耐心地指导他完成相关的流程，但随着练习次数的增多，我发现麦同学每次都会因为粗心大意而犯错，而且每次犯错都会影响到团队的其他成员，导致整个团队的士气较为低落，严重影响训练的效果。

随着比赛之日的临近，同学们都进入了紧张的备赛状态，唯独麦同学晚上训练的时候依旧粗心大意，白天练习时也是漫不经心。我看在眼里，急在心上。每次给他辅导就像对牛弹琴，我不禁火冒三丈。为了让每个队员都有获奖的机会，能够对得起认真付出的同学，我决定把麦同学撤下来，取消他的参赛机会，换上后备选手去参赛。就在打算把他撤下来的时候，我在训练前去培训室的路上遇到了他。我聊起这段时间他训练的消极表现，以及各种消极表现对团队的影响，他认真地告诉我：“老师，其实我很希望我们团队获奖，很想为团队出力，很想成功，但是我也不明白为什么老是犯错误，我也搞不懂软文的感情色彩要怎样表达。其实我很想请教老师，而不是等着老师去发现我的问题，但是每次被您发现我的问题时，我想请教老师的勇气也随之消失了。”听完麦同学的心里话后，我发现其实是我错了。

对于这么一个有上进心、心里有着一团“成功之火”、渴望做出成绩的学生，我决定给他一个改正的机会，而不是武断地把他撤下来，将他的心中之火浇灭。自那次谈话后，我在麦同学训练的时候，结合他自身的特点和他一起寻找犯错的原因，并及时纠正。同时也与他约定，遇到不懂的问题一定要及时向我提出，尽快解决问题。

为了让他与其他同学养成“不懂就问”的习惯，我对积极提问的同学进行一定的奖励，以此激励同学们的上进心。在训练的过程中，我也放下了老师的身份，以朋友的口吻进行交流，使他们能够卸下心里的防御，接受我的意见与建议。经过一系列的训练，麦同学的变化是360度的，他从一个漫不经心的懒散之人，变成一个积极向上的勤奋之人，到了比赛的时候也临危不乱，积极配合其他队员，出色地完成了比赛任务。

比赛结束后，麦同学兴奋地跟我说："老师，经过这次的比赛，我有自信了，我要报考升大班，让自己考上理想的大学，成为一个有志之士。"听完这番话后，我心里顿时涌起一股热流。如果当初没有与他进行那一番对话，不了解他心里真实的想法就把他换下来，也许他会因此大受打击，一蹶不振，那么就没有今天我眼前这充满志气的学生了。现在麦同学正在升大班努力拼搏，凭着心中的那一团"成功之火"，争取在高考中考上理想的大学。

梁泽洪校长提倡的"成才百分百"教育理念，通过麦同学这个案例，让我有了深刻的体会。我明白了作为一名教师，要让学生成才，首先就要给学生一个机会，而且这个机会在任何一个学生面前都是平等的，不能带任何的偏心成分。当学生在机会面前表现稍有逊色的时候，我们身为"园丁"，就要好好分析原因，及时解决问题，培育学生健康成长，踏上成功之路。如果我们在学生表现逊色的时候就放弃他们，那么以后还有谁会给这个学生机会呢？成才又从何谈起呢？每个学生都是一个独立的个体，都有各自的优缺点，我们应该因材施教，要善于发现每个学生的闪光点，放大每个学生的亮点，增强他们的自信心，让他们在自己正确的起点上越走越顺利，成为对社会有贡献的人。

36 让中考的失败者成为高考的成功者

——2014 陈登职业技术学校高考备考工作回顾

董本友

作为一所中等职业技术学校，高考升学并不是我们的主要工作，但高考升学成绩却一直是我校一道靓丽的风景线。从 2007 年起，连续八年来，我校每年的高考上线率都大大超过全区的平均上线率，在全区十三所职校（含两所区属学校）中位居前列。下面，我用五个“一”来回顾、总结我校 2014 年的高考备考工作。这五个“一”是：一组骄人的数据，一群中考的失败者，一个先进的教育理念，一个和谐的团队，一个美好的展望。

一、一组骄人的数据

2014 年我校共 107 人参加全省统一的“3 + 证书”类高考，上线 103 人，上线率达 96.2%，高出全区平均上线率 5.1 个百分点，在全区十三所职校（含两所区属学校）中名列第四。2014 年佛山市“3 + 证书”类高考四块金牌中的三块被陈登学子捧得。这三块金牌是：总分第一名、语文单科第一名和英语单科第一名。我校何婉梅同学以总分 415 分获得佛山市“3 + 证书”类高考总分状元，她也以语文 133 分获得佛山市“3 + 证书”类高考语文单科状元；我校梁凯旋同学以英语 148 分获得佛山市“3 + 证书”类高考英语单科状元。另外，我校霍志凤同学以总分 402 分获得顺德区“3 + 证书”类高考总分第十名。

二、一群中考的失败者

我校本届的毕业生是 2011 年的初中毕业生，2011 年是我镇数年来初中毕业人数最少的一年，还是乐从中学数年来招收人数增加较多的一年。全镇当年共有 1 800 名初中毕业生，而我校录取的 650 名新生的中考总分排名基本上是在 1 100 名之后。当时，我校招生时基本无选择余地，我们要做的招生录取工作就是将一群初中学段学习的落伍者、中考的失意者、普通高中录取时的淘汰者收入帐下。

有人戏称我们学校：招生是“打扫战场”，教学是“有教无类”。

三、一个先进的教育理念

“成才百分百”是我校早在2005年就提出的中职教育理念，是一种以所有学生的成长和发展为中心、以学生的就业或升学为目标与评价为依据、强调办学效益的一种中职教育新理念，其强大的支撑是霍华德·加德纳的多元智能理论。在多元智能理论的指导下，我们认为，中职学生与普通高中生相比，他们在中考上的失败，并不代表智力上的缺陷，而是他们智能的结构类型不适合强调语言和数理逻辑方面能力的传统智力测验。但是，他们大多在理解能力、动手能力、应用能力和创造能力等方面表现得非常突出。“成才百分百”中职教育理念正是依据于此，使得我们有信心充分挖掘每个学生的闪光点，结合职业教育强调动手能力的特点，因材施教，促其成才。在这一群普通高中录取时被淘汰的学生中，有不少学生是有着强烈的大学梦想的，为了让他们圆梦，为了让中考的失败者成为高考的成功者，我们在高考备考工作中坚持以“成才百分百”理念为引领，在如下三个方面进行了积极的探索和实践。

1. 升大分流——尊重学生的选择，给有升大梦想的学生百分百的升大机会

多数中职学校在升大分流时一般都要举行摸底考试，并以考试分数为依据，淘汰一批想分流到升大班的学生，我们认为这种做法违背了公平教育原则，有悖我校“成才百分百”教育理念。多年来，我们学校在进行升大分流时完全按照学生和家长的意愿来进行，我们的目的是要给有升大需求的学生百分百的升大机会。2013年秋季升大班分流组班时，我们虽然也进行了摸底考试，但并没有根据摸底考试的分数来淘汰任何一个想分流到升大班的学生，我们摸底考试的目的是给每个学生量身定制不同的高考备考方案或选择不同的升学途径。

2. 考证选择——彰显个人专长与爱好，让升大班的学生百分百获得专业技能证书

目前广东省的高职高考，无论是“3＋证书”、“三二分段”还是“自主招生”，考生首先必备的一个条件是拥有一个专业技能证书。为了让升大班的学生百分百获得专业技能证书，我们除了在各类证书考试的培训辅导上下功夫外，更多的是帮助学生优化考证策略，指导学生突破目前的专业局限，彰显个人专长与爱好，实行考证自主选择，鼓励学生选考自己有专长、特长和爱好的科目。如机电班的林德飘等同学对会计专业感兴趣而选考并获得会计技能证书（A级），会计班的刘玉婷同学有音乐专长而选考并获得基础教育技能证书（音乐A级），电

子商务班的陈佩绮同学对旅游比较喜爱而选考并获取了旅游技能证书（导游B级）。多年来，我们升大班的学生中没有一个因为没有专业技能证书而失去高考报名资格的。

3. 分层教学——因材施教，让升大班学生百分百获得学习的成功体验

中职学生个体的心理倾向、认知结构、个性、学科基础等方面差异较为突出，这使得传统的一个年级中的几百号学生“同读一本书，同做一样练习”的授课模式在中职教学中弊端凸显，教学上的“大统一、齐步走 ”使得基础好的学生“吃不饱”，基础一般的“吃不消”，基础差的又“吃不了”，严重地打击了大多数学生的学习积极性。

为了探索新的能满足不同层次学生共同发展需要的教学模式，我们在升大班实施了严格意义上的分层教学：给高考必考的语文、数学和英语三个不同学科都设置多层次的教学目标，选择难度不同的教学内容，采取不同的教学方法，实施不同的补救教学和课外辅导方式，布置不同程度的练习，进行不同的教学评价，从而使不同层次的学生在“可接受”的水平上学有进步，让学生百分百体验到学习的成功。本届毕业生梁凯旋同学三年级刚分流到升大班时，英语成绩十分突出，但数学基础却比较薄弱，升大班第一次月考，其英语成绩全校第一，但数学成绩却全班倒数。为此，英语老师和数学老师为其量身定制了不同学习计划和个性化的辅导方案，她每次的英语、数学练习与其他同学都是有区别的。在一学年的8次月考中，她保持了优势学科英语每次都有新突破，薄弱学科数学每次都能体验到进步与成功。最后在本次高考中，她英语考了148分，是佛山市“3+证书”类高考英语单科状元，数学高考也考了111分。高考后，她说：“我之所以能成为佛山市的英语单科状元，数学能首次突破111分，总分能进入顺德区几千考生的前列，主要归功于升大班严格意义上的分层教学和升大教师团队给予的个性化辅导。”

四、一个和谐的团队

在我校，每一届高考备考虽然只直接涉及毕业年级的部分学生和老师，但也是一个完整的系统工程，需要一个和谐的团队在三年的时间里共同努力。为了让中考的失败者成为高考的成功者，学校决策层花大力气把整个学校建设成一个和谐的团队，力求做到如下11个和谐：领导管理和老师配合的和谐，教学和后勤、德育及培训等不同方面工作的和谐，老师教和学生学的和谐，专业课老师考证辅导和基础课老师教学备考的和谐，基础年级教学和毕业年级教学的和谐，班主任

和科任老师之间工作的和谐，同一学科的不同老师之间教学的和谐，同一班级不同学科之间老师教学辅导的和谐，同一学生不同学科发展的和谐，不同学生相互学习帮助的和谐，不同班级之间学习竞争的和谐！

五、一个美好的展望

为了提升我校学生的就业竞争力，我们一直在努力为学生搭建提高学历的“立交桥”。从今年秋季开始，我们学校将每年的“3＋证书”类升大班人数由100人左右提升到180人左右，此外，从2015年开始，我校与顺德职业技术学院合办的会计专业“三二分段大学专科”试点班的60名同学将不必参加统一高考而直接到顺德职业技术学院深造；从2016年开始，我校与佛山职业技术学院合办的机电专业“五年贯通制”大学专科试点班的50名同学将不必参加高考统考而直接到对口的大学深造；从2017年起，我校与广东农工商职业技术学院合办的商贸专业“三二分段”大学专科试点班的部分同学将不必参加高考统考而直接到广东农工商职业技术学院深造。可以肯定的是，陈登职校从2015年起，每年将有约二分之一的毕业生到大学深造，每届毕业生中有升大需求的学生基本上都可以实现自己的大学梦想，中考的失败者成为高考的成功者将不再是个案，而是普遍现象！陈登职校学子的明天将会更加美好！乐从职业教育的明天也将会更加美好！

37 自立自强，走向创业路

黄永杰

阿林，是物流专业04级的一位普通同学，普通的乐从人，普通的农民家庭，中等的学习成绩。在阿林看来，自己唯一的优点就是看事物会从多方面思考，例如：看到水里有一个苹果，是半个苹果沉在水里？是被虫吃了一口的苹果？还是小孩怕酸扔在水里的苹果？

2004年秋天，阿林选择了陈登职校的物流专业，开学第一天，一脸稚气的阿林，昂首望着金灿灿的校名，傻傻地觉得“陈登”这校名很奇怪。后来，阿林才知道，原来校名中的“陈登”就是慈善家陈登先生。

在陈登职业技术学校，阿林学习了2年半的物流专业，其中包括计算机技术、物流装备、物流英语、仓储、运输、配送等专业知识。在阿林看来，这些知识对他的工作帮助非常之大。他自己形容知识就像黑夜中的一点光，是森林里迷途人的指南针。而专业就是一个指路人，给了他一个明确的方向和目标，自己再从社会中吸收经验和知识，用以达成自己的事业目标。

转眼间两年半过去，毕业这天阿林才17岁半。没驾照、没摩托车、没小车，只有一辆自行车，但这不能扼杀他走向社会的热情。

阿林的第一份工作是塑料销售业务员。工作是舅舅介绍的，但入职还得面试。平时不舍得穿的衣服，前一天就洗得干干净净。总之，阿林对于这份工作，还是花了很大心思去做准备的。但是自信在他踏进老板的办公室那一刻开始，还是慢慢地被老板的气场磨掉了。老板给阿林的感觉就是不怒自威，可怜的他只敢用眼睛的余光偷偷地瞄着老板，然后就像木偶人一样，机械地回答着老板的问题。时间就像凝固了一样，阿林的手心满是紧张的冷汗。幸好，老板给了他一番好的评价：“很年轻，很老实，明天上班！试用期3个月，每月工资800，过试用期工资另加，每个月休息2天。”

第一天上班，看见自己也有办公桌时，阿林开心地笑了。他表现得很大方地问他唯一的同事：“丽姐，平时有什么工作要做？有什么要注意的？”丽姐很平淡地说：“每天到同行处，问问他们的货卖什么价钱，做到知己知彼！有客人来就倒一杯茶，热情招待！出货要第一时间找搬运，不能让客人久等，最重要的是出货要点清数量!”

看着不冷不热的丽姐，他有点不知所措，但他知道自己不能气馁。每天早上，他都快速地拖地、抹台，不用丽姐做清洁，中午还主动买菜做饭。一个星期后，丽姐脸上堆满了笑容，总夸他是好男人。从此丽姐开始教他工作上的东西，例如：填写支票、数现金 、开发票等等，丽姐教给他很多课本外的知识。

如此下去快一年了，这一年阿林也考了摩托车驾照。然而，每天的工作就是清洁、做饭，送货到工厂，偶尔自己做搬运工或自己开摩托车跑几十公里路到工厂收货款，但很多时候都一连坐好几天，无所事事。市场不景气。

每天闲着的时候阿林都会幻想，假如自己是一个大老板，手上有几千吨的塑料、有一间大仓库、有几十个员工，应该怎样经营。然而现实总是残酷的，他现在有的只是一辆摩托车和 3 000 元的银行存款。

有一天在家里吃饭的时候，阿林漫不经心地说道：“老爸，不如开间卖塑料店，好不好?”父亲瞪着眼看着他，定了 3 秒说：“投资多少钱? 20 万?”他说：“200 万。”当时父亲的笑容很古怪，阿林不明白这笑容代表什么，现在他才知道那古怪的笑容代表的是无奈和爱莫能助。

一年半后，阿林 19 岁了。长期的清洁工作使他养成了一丝不苟和高效的办事风格；长期做饭则让他的厨艺提高到初级厨师水平；劳动则磨砺了他吃苦耐劳的韧性。但枯燥无味、千篇一律的工作，加上工资总是不够花，使阿林下定了决心辞职。

向老板辞职的那天，他意外地没有冒冷汗，只有微微的心跳加速。老板体谅他一年多来的辛苦，赠给他 1 200 元钱。到现在老板威严但又善良的样子还深深印在他的脑海里。

辞职后的阿林，决定到钢材市场去寻找机会。他在网上看见很多钢材公司在招工，带着觉得自己写得非常满意的简历，一家一家的去面试。第一天他跑了 4 家公司，都是没看见老板就被招聘的经理拒之门外。原因只有一个，就是他没有钢材领域的工作经验。他没有气馁，第二天又跑了 3 家公司，都是统一回复“没有钢材销售经验，请另谋高就吧”。第三天，有 2 家公司说“回家等电话”，有 1 家干脆直接拒绝了他。他的心跌到了谷底，觉得世界太灰暗了，为什么都不愿意给年轻人一个试用机会呢?

没钱也可以任性一回，阿林宅在家玩游戏，足足玩了一个星期。意外地，母亲竟然没有说难听的话。但他也觉得不应该再颓废下去了，不然对不起母亲的养育之恩，得想想办法，找一个即使没有经验也可以进钢材行业的办法。

这天，他没有在招聘网看信息，而是决定赌一次运气，他的选择是有依据的：门口没有放雨伞的，没人坐门口招生意的，店面放的货不生锈的。他跑了一圈，选了一家公司，光明磊落地走进去。他镇定地对坐着的很像经理的女人说：“你好！请问您的公司招人吗？”女人回头指了指身后的男人笑着说：“你去问老板。”

他激动地走到老板办公桌前，还没开口，老板便指了指办公椅道：“先坐吧。”老板看着他，没有说话，于是阿林用坚定的眼神看着老板说：“我没有卖钢材经验，只卖过一年半塑料。”老板皱了皱眉头正想开口，他马上抢着说：“试用期我可以不收工资。”老板眉头舒展开来，笑着说：“看你这么有决心，先做着，过了试用期再说。做人要有责任心，要处处为公司着想！”就这样，阿林进入了钢材行业。现在回想起来，为了进入钢材行业，虽然备受煎熬，但是这也成为他人生的一个转折点。

钢材的种类很多，有冷板、热板、钢管、角铁、冷拉、螺纹钢、圆钢、型材等等。阿林整整花了两年时间才学会用公式计算重量，记熟各种型号和钢材的用途。但有了这些知识和经验，卖钢材的工作就变得简单了。

然而，卖钢材可不仅仅是在办公室积累知识和经验。炎炎夏日，在铁皮仓库里，右手拿吊机遥控，左手拿钢丝绳，为平板车装几百吨货。人经常会被钢材的废铁皮划破手、划破腿，不是粗心、也不是大意，只是废铁皮就像黑夜里的刺客，不声不响地划一刀，血与汗混合着浸红了衣服和裤子。夏天的铁皮仓库温度很高，就像蒸炉一样。人一进去，就蒸得汗如雨下，汗水刺得眼睛睁不开。

冬天寒风呼呼，站在钢管堆里盘点数量就得花去一天时间。拿着粉笔，在钢管口做记号，心里默念数字。一天下来，眼睛、手、心都麻木了！

在那里，员工三天上一次夜班，因为阿林是新手，且老实肯干，经理特别喜欢安排他上夜班。这令他更为疲惫。

钢材销售生涯的第三年的一天，阿林像往常一样，站在装满钢管的货车上，离地面有三米多高，地面上放着一堆角铁和零散的废铁皮，他双手拿着遥控，控制着吊机缓缓地向货车驶来，吊机上吊着两吨重的钢管，心想：“最后一码了，装完货，一会去小卖部买罐红牛补一补。”

此时的阿林还不知道，死神就站在他身后，用锋利的镰刀架着他脖子。吊机吊着两吨钢管摇摇晃晃来到他的头顶，他走到车尾，右手拿着遥控，左手打算扶着钢管不让它晃来晃去。但左手刚拉着钢管，他就被惯性推出车外！他头朝地，整个人向着地上的角铁跌去，人在三米高跌到地面上要多久？不到一秒。但在空中的一瞬间，本能的反应，使他用尽全身力气翻转身体，一屁股坐在角铁上。

眼前一片黑暗、心跳停顿、大脑空白、感知全失！阿林躺在角铁上，十四秒后，他猛然睁开眼睛。同事一把将他拉了起来，吓得脸色惨白的同事对他说："我以为你死了，准备打120你就醒咯！有事没？要不要去医院？"。

阿林大脑还没反应过来，心想自己还活着吗？过了一会，他可以肯定，和死神打了一场惊天地泣鬼神的架，最后赢的人是他！

卖钢材的四年里，阿林学会了很多。自己也有气场了，不会被大老板一问就吓出冷汗；与人相处不能太软弱，要学会保护自己；对别人要微笑；能帮忙的就帮忙，量力而为；多认识朋友，多交换名片。

2012年，阿林离开了这家让他又爱又恨的公司，换到一间大型的钢板贸易公司卖钢板。新的工作休闲、舒适、工资高。装货、卸货都由平板厂承包了，工作用电话、传真机就可以完成任务。只用偶尔到平板厂要出货单、进货单。

这一年阿林组建了自己的家庭。看着妻子挺着圆圆的肚子，听着肚子里面传出来的微弱心跳声，此刻，他是世界上最幸福的人。

2013年，可爱的小公主出生了，当护士抱着孩子走出手术室的时候，阿林差点感动得哭了！

养一个孩子，花的精力和钱是个无底洞。晚上睡觉，总牵挂着孩子被子盖好没有，总是半夜起来看一看。孩子吃奶粉、生病、请保姆，差不多每个月工资都花在孩子身上了。为了给孩子一个丰富的小康生活，阿林无时无刻不在想着赚更多的钱。

2014年，阿林就像羽翼丰满的小鸟，等待着一飞冲天的时刻。他想过，开一间甜品店、开一间早餐店 、开一间汽车改装店、开钢材"皮包"公司……虽然想了很多，但最后只是在淘宝开了间卖衣服的店。

他要自己创业，不给别人打工，要做老板！

淘宝的巨大成功，给了他方向，他一有空闲就学习网页知识。经过一段时间的学习，他通过了网页淘宝考试，交了九百元淘宝押金。开店成功了！

淘宝卖啥好？想来想去还是女装赚钱容易，他到广州十三行服装批发市场进货，挑选了他认为好看的女孩衣服，拍实物图片上传到网店。

网店，讲究的是信誉度，靠买家给的好评提高信誉度，才能把网店做大。他集合了所有朋友的力量，把信誉度刷到三个红心，可以说是最低等级了，一开始靠关系卖了五套衣服。但之后两个月，没有打理了，一方面信誉不够高，没有人浏览，也没有卖过一件衣服，另一方面要工作，花在淘宝的时间不够，就这样放弃了淘宝网店。

2014年年底，阿里巴巴上市了，让他遇到了一个巨大的商机。这时快递行业的巨头——顺丰快递，终于外包业务了！顺丰快递的加盟是有条件的：先试工两天，之后面试，面试通过之后，要去广州培训一星期，之后要上岗考试，考试通过之后才可以计提成。2015 年，阿林和顺丰谈外包的业务。他也在往这个方向努力。

这八年来，阿林得到了新的亲情、新的友情、满满的幸福以及汗水换来的社会工作经验。

38 触动学生的心灵

陈燕丽

何同学这堂课又迟到了，科任王老师在讲着课，他想偷偷从后门溜进去，但还是被王老师发现了，何同学只能乖乖地返回前门报告。但这次不像别的老师那样很快被允许进入课室，王老师可是出了名的严格："怎么不从前门报告，要走后门?"何同学默不作声。王老师接着说："怎么还不回答? 你妈妈没教你吗? 要有礼貌!"何同学一听，脸色变了，大声反驳道："是我错我认，提我妈干吗!"

课后，王老师找到我反映情况，我自然也没敢拖延，因为何同学在我的印象中不是那种会当场和老师起冲突的人。虽然他性格偏内向，脾气暴躁、倔强，但还是比较尊重老师的，为什么今天会有这么大的反应呢?

通过再次家访以及向他身边的朋友了解，我终于明白了这次冲突的原因：原来何同学的母亲早在他6岁时就去世了，后来他父亲再婚，他内心并不接受，和继母没什么感情。而他父亲文化水平不高，又迫于生计终日早出晚归，无暇顾及何同学，只会一味地对他唠叨和批评。他有一个姐姐，同样毕业于本校，是家中唯一能和他有些许沟通的人，他偶尔能听姐姐的话。可以说，母亲在他心里就是一块伤疤，不容许别人拿来说事。

明白了事情冲突的原因，我决定以这件事为契机，趁这个机会好好敲打一下他，让他有一个质的改变。因为何同学平时在班上也是一个让我头疼不已的角色：做事无耐性，自我约束力差，生活缺乏目标与激情，学习缺乏动力与追求，学习成绩较差，对于身边的人和事较为冷漠，并且脾气暴躁，经常无故旷课、迟到，还有烟瘾，喜欢睡觉……

经过将近一天的思考后，我制定了以下的方案：

一、基本原则

1. **必须认同、表扬。**何同学在家里得不到的家庭温暖，教师必须让其在学校获得适当的来自老师及同学的温情，让其感情上得到慰藉，感受到关心及信任。虽然这些情感难以取代父母和亲人的关爱，但也能适当地弥补他内心的孤独与空虚，化解他心中的苦闷和忧愁。从心理学的角度来说，未成年人的心智还不成熟，但又渴望别人把自己当作是成年人来对待，特别渴望来自师长、朋友的肯定及赞许。

2. **必须宽容**。何同学行为上的偏差，有时不是出自他的本意，只是由于没有学会控制自己的情绪而已。这从他平时知道自己做错了，会主动提出来为班级做事情以便将功补过这一点就可以看出来。

二、工作方式

何同学家庭气氛比较冷漠，而他自己也对学习和生活缺乏动力，如果对他的缺点和不足还指责过多的话，必然会使何同学对人生更缺少信心和勇气，甚至干脆自暴自弃。所以我决定选择循序渐进的方式，坚持宽容、耐心的同时联合何同学家庭的力量去改变他。

三、具体对策

1. 在学校，我同我们班所有的科任老师及班干部都通了气，联合起来共同帮助他，在给予何同学更多的鼓励和关爱的同时帮助其改正缺点；坚持平等地看待他，多与他交往；对他采取严中有爱、严中多宽容的方式，使其能正视现实，认识和改正自身的弱点和不足，逐渐树立起正确的人生观和价值观。

2. 与何同学的父亲进行深入的沟通，让父亲能多给予他关注，关注他的点滴进步，并抓住这些点滴进步，及时地给予肯定及表扬，增加平时父子之间的交流。

3. 利用何同学好胜、不服输、关心集体以及敢于将功补过的心理，鼓励其上课尽量少睡觉、认真听讲，尽量摆脱成绩倒数。同时给他安排一份午休管理员的工作，让他参与班级管理，从而树立其责任意识。

4. 与何同学共同讨论解决问题的办法，制定出总目标和短期目标，确定短期但具体的工作任务，在此过程中及时对何同学表示认可及进行鼓励，甚至给予奖励。同时尝试引导其重新思考其对父母的态度，推动其家庭关系的改善。

四、在挑战中坚持

方案制订起来容易，但是执行起来并不是一件易事。何同学还是有旷课的情况。但是他回校后，我装做事情没发生，也没有找他谈心，只是在班会上说到我们班最近被批评了，风纪、学分变差了，科任老师也抱怨了之类的话。这样经历了几次后，他终于来找我了："老师，我知道我连累了班级，我想努力改变，您要相信我。"就这样，他的表现好了不少。

之后我更加关注他，更多跟他交谈，每天更多督促他坚持做好。我知道多年养成的习惯要改变起来并非一朝一夕能做到，我应该用长远的眼光来看待，用宽容心、赞许心、欣赏心去等待和发现，也许在潜移默化之中，在某个瞬间，将会触动他心中那个最柔软、最容易痛、隐藏得最深的地方，此后他生命的航向将会被爱的灯塔照亮，他的世界也会逐渐变得海阔天空。

果然，他很快就来考验我了。那是在校运会期间，一大早在课室看不到他，我打电话到他家，是他继母接的电话："老师，该说的我都说了，他就是不听，还大声冲我吼叫，我真的没有办法了……"电话里传来他继母不断的唠叨，充满了无奈兼无助。最后，在快上第四节课时，他终于出现在课室里了。我一见他，正想开口询问，他竟先道歉："老师，我知道错了。"这让我深感无奈。但无论怎样，我还是必须与其促膝长谈。我将心比心，将他父母对他的关爱及无奈详尽地告诉他，期间我从一个女人的角度，以一个母亲的身份告诉他：继母自嫁进来后十几年过去了，一直都不生育，就是早已一心把他当成是亲生儿子来看待了。她老了还能依靠谁？希望他能体会到一个女人决心一辈子不生育的牺牲，好好待继母，听继母的话并尊重她。听到这里，何同学流泪了，看来真的是触动到他的内心了。

后来在周记里，何同学十分感谢我，说我没有放弃他，在他犯错时，我总会耐心教导他，不厌其烦地与他谈话，跟他说很多道理。我让他当午休管理员，让他尝试到了成功的喜悦，让他感受到老师的不离不弃。

这些话让我知道，我的坚持是对的，我的方案没有错。

而何同学后来的表现也证实我的付出是值得的，他在学习和行为习惯等方面有了很大的改观，待人处事也变得更为理智，与同学的关系也亲近了很多，而同父母的关系也慢慢有了好转，并学会了沟通和交流。当然，他跟王老师的冲突早就得到了圆满的解决。但要彻底地转变一个人，真的还需要更多的耐心，还要坚持做许多后续的工作。

五、总结

第一，相信每个小孩最初都是优秀的，后来的不好、变坏，大部分是因为学校教育的失当、家庭环境或社会环境影响中的不利因素造成的。从这个角度来说，从“爱”出发去看待每一个学生，是身为老师的我们应该有的态度。

第二，对症下药，找出适合学生个性特点和接受能力的教育方案是感化辅导的关键环节。

第三，创造条件，给予学生实现成功的机会。一方面要循循善诱，激励学生不断努力；另一方面，教师还要创造条件，让学生不断取得成功，使他们意识到“我一定能行”，并经过不断的努力，使他们看到自己的潜力。

第四，在对问题学生进行心理辅导的过程中，教师应有足够的耐心和爱心。受挫是难免的，既不能轻言放弃，也不能急于求成，因为任何一个学生的教育和成长都是一个漫长与曲折的过程，需要教师的包容与理解。

39 他，解开了心底的结扣

姜绍辉

学费去了哪儿？

在我担任学校机电专业班主任期间，刘同学是班里的一名学生。他个子不高，瘦瘦的，从入学成绩来看，他在班里是20名以内，还算不错。高一的上学期，他的表现算是中规中矩，虽然请假较多，但每次都有母亲证实，所以当时并没有引起我的特别注意，也没有把他列入家访名单。

高一的下半学期开始后，我在欠交学费的学生名单里发现了刘同学的名字，于是我就打电话到他的家里，想了解一下原因。当时接电话的是他的母亲，她在电话中告诉我："学费已经给了他了，他没有交给学校吗？"听了他母亲的话，我隐约感觉有点不对劲。放下电话后，我马上找到刘同学，问他学费到哪里去了。他说没有交给总务处："那天我带着学费到学校后，看到总务处没人，而旁边的会议室里有个老师，就把钱给了那个老师了。"我问他认不认识那个老师，他说不认识。问他那个老师有没有开收据，他说没有。凭经验，我知道他对我说的是谎话。

由于学费有1 600元，不是小数目，于是我将他带到了德育处。经过教育和劝说，他承认他把母亲给他交学费的钱拿到大良花掉了！这种事，还真是我从教以来第一次遇到。从那时起，刘同学便引起了我的注意，我决定好好去了解这个特殊的学生。

事件的背后有什么隐情？

我从他的档案中得知：刘同学家在乐从某村，家里有父母和一个哥哥。经过家访后，我知道了他更多的家庭情况：父亲没有稳定的职业，每天在外面打各种各样的短工；母亲之前在佛山卖菜，后来因为挣不到什么钱而作罢，在家当家庭主妇；哥哥当时还没有找到工作。因为他的父亲经常喝酒且夜不归宿，父母关系比较紧张。同时，由于父亲性格暴躁，时不时骂刘同学“没出息”，导致刘同学很害怕父亲，同时又有点怨恨他。他的母亲则相反，很关心刘同学，虽然家庭条件一般，但母亲在物质上尽力满足儿子。遗憾的是，母亲没什么文化，不懂得同孩子进行适当的沟通，更不清楚孩子的心理，只是一味地迁就他。但迁就太多就变成了溺爱，久而久之，母亲的劝告变得没有什么效果，对此母亲感到很无奈。

在家访中我还了解到，刘同学初中的时候学习成绩还可以，虽然也偶尔打一下游戏，但尚知道自律。但是后来就彻底迷失了自己，置自己的学业于不顾，一有时间就打游戏，有时还旷课躲在家里打游戏。这一次旷课就是跟他哥哥跑到大良去打游戏，将母亲辛辛苦苦攒下的 1 600 多元学费给花掉了，然后撒谎说已经交给了学校。

问题出在哪里？

了解到刘同学的情况后，我的心情十分沉重，责怪自己之前对他的了解太少，没及时发现问题。

通过对刘同学的行为进行剖析，我总结了一下他的问题的来源。

思想根源：刘同学所学的专业是机电专业，这个专业是一个讲究动手能力的专业。他经常旷课在家里睡觉、打游戏，根本跟不上学习的节奏，可以说什么都不会，连一个基本的电路也接不出来。为此他产生了严重的自卑感，只能通过打游戏来逃避现实，而这又进一步让班上的同学看不起他，于是他就更自卑，越自卑就越不想面对，越只想沉溺在网络中麻醉自己。

社会交往：基本没有朋友可以交往，与父母的交流也很少，语言表达能力和社会交往能力较差，生活在一个自我封闭、孤独的世界里。这样的人很容易到虚拟的网络世界里去逃避现实。

就业技能：自学能力比较弱，专业技能方面更是一无所长。如果任其这样发展下去，在当前竞争激烈的就业市场，毕业出去后很难找到工作。对未来悲观失望，这也是他自暴自弃的原因之一。

家庭关系：刘同学对父亲感到恐惧，又有怨恨情绪，父亲要不不管他，要不就一味地骂他，沟通方式过于粗暴，父子关系一直较紧张。而母亲则对孩子百依百顺、一味溺爱，不知道怎样才能使孩子振作精神。客观来说，家庭给予他的正能量较少，而负面的东西则过多，进一步弱化了他的内心力量。

怎么办?

经过反复梳理，我觉得刘同学存在的诸多问题（如自卑情绪、家庭关系紧张、缺乏社会交往等）都是因为学习不行、动手能力差引发的，他最需要解决的问题是学习问题，只有协助他解决这个问题，其他问题才会逐一得到解决。刘同学为什么这么热爱网络？这是因为刘同学性格内向，所处的家庭气氛比较紧张，学习生活不如意、不得志，感觉毕业后找不到工作时，网络便成了他逃避现实、寻求内心平衡的绝佳之处。而这时家长没有好好引导，而是采取了放任或粗暴干涉的方法，采用的是不管不问、听之任之的态度，没有对孩子进行正确的引导，防患于未然，导致刘同学沉溺于网络之中。等到发现出了问题时，又采用了最不可取的辱骂方法。当家庭已不能给他所需，渴望在学校、在学习方面找到一些安慰时，学习跟不上、动手能力极差又加重了他的自卑情绪。很多时候，刘同学采用了“外归因”方式将失败原因归咎于家庭的影响，而忽视了个人的问题以及自己性格上的缺陷，这使他缺乏正确应对问题的方式，而只能采取逃避现实和怨恨父母的方式来掩盖自己的自卑情绪。

美国最受欢迎的教师雷夫曾说，教师就应该创造机会让学生自己拯救自己。为此，我制定了以下的工作计划：

主要目标：协助刘同学进行学习，使其能有一技之长，以增强他的自信心和求职的竞争力。

次要目标：鼓励刘同学走出家门，进行一定的社会交往，同时改善他的家庭关系，提高刘同学的自信心。

计划内容：

a. 与刘同学多接触，建立和谐师生关系。

b. 讨论网络是非，使他可以远离网络游戏。

c. 与刘同学讨论解决问题的办法，订出总目标和短期目标，确定一个具体的、短期的目标。在这个过程中，对刘同学进行一定的鼓励和奖励，当他遇到困难时与他一起分析并解决。

d. 通过完成以上任务，帮助他提高自信心，减轻他对父母的不满。在此基础上，引导其重新思考他对父母的态度，推动其家庭关系的改善。

一年的时间能做什么?

1. 深入了解，建立起信任关系

我再次进行了家访，深入了解刘同学与父母的关系。通过家访我发现，刘同学的母亲在儿子面前基本上没有什么威信。最明显的是，他的母亲一开口，他就表现出厌烦的情绪。为此，我私下里跟他母亲就孩子的教育问题进行了深入的交流，取得了她的理解和支持。

第二是争取取得刘同学的信任，与他建立起信任关系。由于刘同学很少与外界社会接触，对外人有抵触情绪。所以，一开始我要与他建立和谐的关系很困难。在第一次和第二次的会谈中，刘同学表现得相当紧张和拘谨，回答问题时很随意，很少与我的目光直接接触。当我注意到这些，再与他进行交谈时，我就在学校找了一个安静的地方，与刘同学长谈。由于他母亲不在身边，所处的场合也让人放松，谈话的气氛活跃了一些。谈的时候，我尽量避免谈他本身的缺点，主要是和他一起找问题。我与他聊起了互联网，聊了比尔·盖茨，并通过交流进一步了解刘同学的内心世界。

通过几次交谈后，我们建立起了融洽的关系。

建立起和谐的关系后，我向他客观分析了网络的好与坏。我告诉他，只要把握得当，网络还是会给学习带来好处的，同时也分析了沉溺网络及说谎造成的后果和危害，并一再告诉他，有想法不要憋在心里，一定要和家长、老师交流，不能只通过网络来发泄。我还找了一些反面事例（我将中央电视台的《法治在线》和南方一台《今日一线》的一些节目录制下来，作为班会的视频资料）来教育他，并以此对照刘同学的实际情况，使他认识到沉溺网络后果的严重性。

经过多次的交谈，刘同学表示，他乐意就自己在学习、家庭、社会交往以及生活上遇到的问题与我进行交流，但是没有提出要我来帮助他。我也没有表示，能有这个效果我已很满意了。

2. 帮助他找回学习的动力

就业是一个现实的问题。我与刘同学就其以后就业的问题进行了探讨，协助刘同学对自己的就业问题进行了全面思考，使刘同学认识到，如果再自我放纵下去，他最终只能有初中学历，而如今连招聘保安都要求有初中以上学历，没有一定学历又没有一技之长的人，在当今的社会中根本没有立足之地。因此，他想要在社会中立足，唯有利用好上学的时间，做好充分的准备。刘同学听后陷入了沉思，然后问："老师，您觉得我还能变好吗?""当然能！只要你愿意学，现在就是最好的时候！所有的老师都在你身旁，你随时都能找到帮助！”

跟刘同学谈话后，我马上与我们班所有的专业教师进行了沟通，希望他们能配合我，给予刘同学学习上特别的帮助和关爱，他们都很愉快地答应了。

3. 帮助他找回自信心

机电专业在我校可以考“电工上岗证”“电工中级证”“车工证”“钳工证”等，配合考证，机电专业的学生每一年都有一个月的实习机会，并且到了高三，还有一个月的额外的实习机会。我鼓励刘同学去参加技能培训，以掌握一技之长，刘同学表示愿意考虑。过了几天，他来办公室找我，说自己决定参加电工考证。在实习的过程中，因为他的底子差，他的动手能力虽然没有什么本质上的提高，但是在我们期待的眼神的关注下，他终于敢动一下手，敢拿起工具来做一点事情了。在实习的时候，也能跟周围的同学讨论一些技术上的问题。

在学生实习期间，我经常到刘同学的工位旁去转一下，看他有什么问题，如果有问题，就问是什么原因，多从他进步的方面去观察他、鼓励他，对做得好的及时给予表扬，并鼓励他多与同学交往。随着时间一天天过去，刘同学的动手能力越来越强，接出来的线路也越来越正确，而他脸上越来越多的笑容也深深感动了我。电工证？他当然拿到了！

随着他技能上的进步，刘同学的自我形象也得到了不少改善，他开始注意自己的仪容仪表，头发整理得干净而整齐，母亲也反映他懒觉睡得少了。

4. 帮助他改善与父母的关系

当刘同学整个人的形象和精神面貌都有一定改观后，我就开始要求他正视与父母的关系，并就此与刘同学进行了谈话。在谈话中，我仔细聆听了刘同学对他与父母之间关系的描述，并站在他的角度去了解他的看法和感受。刘同学表示，从内心来说，觉得父母对他还是关心的，对他付出了很多的爱，无法释怀的只是有些时候父母对待他的方式。我劝他不妨也站在父母的角度去想想父母：全家的经济支柱就父亲一个人，压力该有多大；母亲没有工作，心疼儿子，想为儿子多付出些儿子却不领情，该有多难受。所以要多体谅父母，主动关心父母，改善与父母之间的关系。刘同学听了，第一次眼睛泛起了泪光。见此，我问他：“你想不想为他们做些事情？”刘同学点了点头，于是我与刘同学一起制订了一个改善亲子关系的计划。计划包括：每次出门时主动向父母告别；关心父母，帮助他们做一些力所能及的家务，对父母的关心表示感谢；搞好自己学习上的事情，不让父母担心；主动与父母交流，把自己的一些想法告诉父母，并能听取父母的意见。

在帮助刘同学实施这个计划的同时，我再度与刘同学的母亲进行了接触，了解其想法，同时向她介绍了青少年的心理特点及相应的教育方法。刘同学的母亲认识到自己过去在家庭教育中存在的不足，表示要与刘同学进行交流和沟通，从多个角度了解他的想法。她对我愿意帮她来转变孩子，感到很高兴，表示愿意配合我的工作，做她能做的事。

转变让人欣慰

经过近一年的努力，在 2005 年 12 月高三年级开家长会时，我与刘同学的母亲又进行了一次长谈，了解刘同学这一年来的变化。刘同学的母亲表示，现在刘同学对网络游戏比较有自控力，有时也能主动和父母聊一会儿天，与父亲的关系也好了很多。我向他的母亲介绍，刘同学在班上也能与同学进行正常的交往，在班上也有了几个比较要好的朋友。

从结果来看，我的预期目标基本达到。刘同学通过课堂学习、技能培训及外出实习，既掌握了一技之长，又提高了自信。而自信心的提高使得他的社会交往能力有了一定程度的增强，与父母的关系也得到了改善。虽然还有一些问题，但我已经比较满意他的表现，如果没有一颗向善向上的心，是无法产生这些转变的。他现在需要的只是时间，而时间最终会见证他的努力。

进入高三下学期，学生全部到校外进行毕业实习。对此，我有些担心，在学校通过我们的督促，他能认真学习和进行技能培训，但是出校实习期间，脱离了我们的督促，他会不会又整天沉溺在网络中呢？事实证明，我的担心是多余的，在整个实习阶段，刘同学都表现得很出色，还受到了实习单位的表扬。

2006 年 4 月 27 日，他的母亲告诉我，刘同学现在在木厂做工，虽然辛苦一点，但是可以自食其力，并且现在他工作很勤奋，网络游戏基本上已经不去接触了。他的哥哥甚至表示，刘同学的转变打动了他，现在他也很努力地去工作。听了刘同学的母亲及哥哥的一番话后，我感觉有泪水在眼眶里打转，那个曾经爱说谎、沉溺在网络中的刘同学，真的变好了！

经验可否借鉴？

通过刘同学的个案，我总结出以下几方面经验：

1. 了解和掌握问题学生心理失衡的客观原因是进行心理辅导的前提

大多数问题学生的一个共同点就是家庭环境差，他们中很多人的父母本身就有一些不好的习惯，家庭气氛压抑，对于孩子的教育方法也存在不当之处，这些消极因素会潜移默化地影响孩子们。

2. 调节问题学生的情绪，使其处于稳定和理智状态是矫正其心理失衡的重要环节

对学生进行教育必不可少的条件就是使他们的情绪处于稳定、理智的状态。因为只有在这种状态下，他们才听得进去教师的说教，但问题学生的情绪变化无常，波动幅度大，有时还会出现情绪失控的现象，所以对于问题学生，应重视对其情绪的调节，全面、公正、多角度地看待他们，努力挖掘和发现他们的长处和闪光点。

3. 持之以恒、灵活机动是矫正问题学生心理的根本

在对学生进行心理辅导的过程中，教师应有打“持久战”的思想准备，不能急于求成。我们要明白，要使学生达到教师和家长的要求、实现我们的期望只能是一个循序渐进的过程。因此要做到有计划、有步骤、有理有节，在辅导的过程中要有详细的记录，针对学生不同阶段的不同特点，采用有针对性的方法，在辅导过程中应采取以当事人为中心的辅导方法，与学生更好地沟通、交流，一步步建立起信任感，减少学生的戒备心理，从而解开一个又一个系在他们心底的结扣。

40 我给学生一个舞台，学生还我一片精彩

黄莉萍

长期以来，社会上对中职生的期待值普遍偏低。作为中职学校的教师，我们应当摒弃这些偏见，重新审视我们身边这些个性鲜明的孩子。正如《百分百——中职教育新理念》一书中提到的一样：教师只要对每一位学生的成才充满期待，学生就会根据自我信念来理解教师对自己所持信念的含义，从而形成自我期待，成为推动学生行为的内在动力。对于这点我深表赞同。

我担任营销班班主任期间，曾发生好几起这样的学生个案，最具代表性的，是一名叫阿翔（化名）的同学。这名男生性格急躁，行为习惯不佳：入学第三天，我让他把过长的头发剪短，他立即破口大骂，并怒气冲冲地离开课室不见踪影；军训期间和邻班女生过度亲密，教官发现后批评他，他不但顶撞教官，还对其他赶来处理此事的教官及校领导口吐脏话；开学第三周的某次午休时间，因为一些小事他在教室抡起一把椅子砸向同班同学；他曾冲进我的办公室，拍着我的桌子斥责我凭什么把他台面上的书都放进柜子，说我侵犯了他的隐私权，必须跟他道歉……其他诸如抽烟、逃课、翻墙出校、同值日老师顶撞的事件不胜枚举。

摊上这么一号人物，真够让人头疼的。但即便他如此顽劣，也没有吓退我，让我就此放弃他。当然，我没有给他丝毫的特殊照顾，每次违反校纪班规，我一样会依律处罚他。但处罚并不是目的，在处罚的同时，我一直在寻找最佳的教育方式，希望能真正改变他。

知己知彼才能百战百胜。我首先要做的就是尽最大的努力去了解阿翔。我找到他以前的同学，从侧面了解他初中甚至小学时的表现，得知他的桀骜不驯是由来已久、颇有“名声”的。我积极和他的家人取得联系，去他家中进行家访，更细致地了解他家的情况。在家访中，他妈妈告诉我，因为家长娇惯、老人溺爱，所以阿翔行为习惯一向不是很好，不爱听父母的话。实际上，他小学和初一时的成绩还是不错的，头脑灵活，爱思考，数学是他的爱好和强项，只是因为结识了一些不是很好的朋友而放弃了学业。他姐姐成绩很好，考上了省内知名大学，还是院系里的学生会主席，是他尊重和崇拜的对象。

了解这些情况之后，我觉得“数学”和“姐姐”，将会是我教育他、改造他的两大法宝。从他妈妈那里要来了姐姐的电话号码后，我便开始有针对性地对他进行“改造”。

阿翔喜欢数学，我便推荐他和班上另外两名男生一起去参加学校组织的趣味数学竞赛。他很有兴趣，只是长期习惯了和老师“针锋相对”，不肯答应。我也不强求，只是默默地去图书馆借了三本趣味数学类的书籍，一人发了一本。课余时间，我便和其他两名男生讨论和研究这些趣味数学题——这得感谢我中学的数学老师当年给我们普及了整整三年的趣味数学知识。阿翔开始只是竖耳旁听，后来实在忍不住，便加入了我们的讨论行列。他思维敏捷，并且兴致勃勃。看着他终于进了我的“圈套”，我想我打赢了第一仗。

最终，他和那两名同学配合默契，取得了那次比赛的二等奖。我在班上对他们进行了大力表扬，他的脸上终于绽放了阳光般的骄傲笑容。

学校的沙盘竞赛小组每年都会在新生中挑选苗子。很快，学校的沙盘竞赛小组又开始进行选拔，需要每个班都上报几名灵活机敏的同学。班上虽已有好几名成绩不错的学生，但经过缜密的思考，我还是在名册上添上了阿翔的名字。当竞赛老师过来挑人，报出阿翔的名字时，他的眼睛瞪得老大，不可思议地看着我。我对他点点头，让他大胆去。企业经营沙盘模拟，对于阿翔是一个全新的世界，战略思考、沟通协调、大胆决策、精准计算……所有这一切都深深地吸引他。

阿翔的整个学习状态好了很多，像一块海绵吸收着所有的知识。虽然他最终没能被负责沙盘竞赛的老师选中，但那两个星期的培训让他整个人改变很多。自此，他在学习上一直没有再出现问题，三年来基本没有科目不及格的情况，顺利地拿到了毕业学分。

当然，他的行为习惯还是没有太大的转变，依然很容易和科任老师、值日老师起冲突，但我和他的沟通顺畅了很多，当初他冲我拍桌并破口大骂的情形早就绝迹了。这里，我很充分地借助了阿翔姐姐的力量。阿翔一向很敬佩和尊重优秀的姐姐，证明在他内心，还是很明白什么才是正面积极的方向。所以在对他进行教育时，我经常拿他姐姐做榜样：如是你姐姐碰到这样的问题，你觉得她会如何处理呢？会像你这么暴躁和冲动吗？这些话非常有效，经常让他一下子就恢复了理智和平静。另外，阿翔的点滴进步，我都会用短信告诉她姐姐，好让姐姐用她的方式来表扬他、肯定他。阿翔如果犯了错误、又钻了牛角尖不肯回头时，我也会打电话告诉他姐姐，让姐姐用他所信服的方式来劝解他。

时间总是最好的见证人。随着时间的流逝，阿翔的转变在一点点地发生，同其他老师的相处也融洽了许多，不再总是用“针锋相对”的态度来面对科任老师了。而科任老师对他的肯定评价也越来越多，这让我深感欣慰。

有次我去青岛学习一周，他竟然主动打电话给我，虽然只是几句简单的寒暄，但我觉得这是他和我关系变好的一个极好证明。

最难能可贵的是，阿翔对班级也越来越有感情。高一的校运会，他不愿意参加，认为这是无聊无趣的事情。经历了一年多的教育和相处，高二时的他有了很大的转变。我们班开幕式准备表演舞狮，暂时还缺一个舞狮头的，队长看中阿翔身手灵活，便找到了他。原本没抱多大希望，想不到他竟然一口答应。训练中他非常积极，从零学起，每一个动作都极为认真，特别是狮头要跳到狮尾肩膀上这种高难度动作，他更是百折不挠、精益求精。赛前两天，大家讨论最好能制作一副春联，由狮头展开会更有气氛。时间紧迫，找广告公司制作春联有点来不及。正打算放弃时，当天晚上，阿翔兴冲冲地打电话给我，说他妈妈的朋友会制作窗帘，他找了这位阿姨帮班级做了一副红色的春联！电话中的阿翔非常开心，而我则为他关心班级、服务班级的行为而深深感动。最终，我们班的舞狮表演获得"开幕式最具活力奖"。领奖时，他脸上的笑容满溢，神采飞扬。

时光慢慢流逝，大家开始淡忘高一时那个经常进出德育处的阿翔，看到的则是会主动向老师打招呼问好的他，与同学齐心协力玩十人十一足的他，拓展活动中积极出谋划策的他，运动会上光脚跑完三千米、即使没有得奖依然满脸笑容的他……他依然会有些小缺点，时而还会犯些小错误，但他整个人的转变有目共睹。有时开班级座谈会，我和科任老师说起阿翔曾经的所作所为，老师们都不敢相信那些事情是他做出来的。现在的他，虽然一样聪明调皮，但已经不再是当年那个懵懂易怒的少年。

阿翔

高二下学期，全班同学在顺客隆连锁超市各个分店实习。我去阿翔所在店铺看望他，看到他正扛着一袋米去给顾客送货。我没有喊他，而是默默地拍下了这张照片。等他回来的时间里，我和门店的经理简单地聊了聊。经理对他的表现很满意，说他性格开朗，做事勤快。送货回来的阿翔看到我非常开心，很有礼貌地搬凳子给我坐，同我开心地聊天。

高三下学期的顶岗实习，阿翔选择去一家钢铁企业做销售，后来因故换了一份工作。工作稳定后，因为他良好的业绩，获得了老板的肯定，收入也不断提高。毕业后的他也不忘师恩，逢年过节都会发祝福短信给我，约我喝早茶。他点滴的心意，我都看在眼里，记在心中，深为感动。

只要我们不放弃，每个人都有进步的巨大可能性！只要教师给他们一个合适的舞台，我们的学生就能展现给我们一片精彩！

41 爱，让他扬帆起航

蔡莉静

在班里为数不多的男生中，小锐是特别的一个，他没有其他男生的大胆、放纵、调皮和不服管教，却有着一般女生都少有的胆怯、羞涩、内敛和真诚。性格内向的他经常默默地为班级和他人做事情，日复一日，从不间断。比如说，教室的门窗、电源总是他负责任地关上，走道上的废纸总是他细心地拾起，垃圾总是他默默地去倒，黑板总是他认真地去擦洗。我不止一次地要求每个学生各司其职，不能把自己的责任都推给小锐；与此同时，我也告诉小锐，助人是可嘉的，但也要把劳动的权利和义务让给其他人，让每个人都参与到劳动中来，去体会劳动的快乐。但他每次都是满头大汗地憨憨一笑，说道：“没事，我是自愿的。”

日子就这样平静地过着，但和谐的氛围很快就被一连串的“怪事”打破了。班里相继出现了很多起丢书丢笔之类的小事件，起初我并没有在意，只是在班上强调上体育课之类的室外课时一定要关好门窗。可是“怪事”不但没有减少，反而发生得更加频繁了。很多女生过来跟我说，是小锐偷的东西，说那些失踪的东西都在他那里。我有些诧异，但细想小锐有时候的一些另类举动，又觉得有几分可能。我让学生注意保管好东西，但在没有足够证据的情况下还不能妄下结论。一个周五的下午，小霞哭哭啼啼地跑来找我，说妈妈给她的200元餐费放在皮包里不见了。班里闹得沸沸扬扬，大家都在议论这事，当然矛头都是指向小锐的。我想，小锐腼腆内向，以他的性格，是经不住任何拷问的，而若让他在众人面前被曝光，他也会无法承受。安慰小霞后，我给全班布置了一道题为“200元丢失之我见”的周记，让每个同学把对这件事情的看法写在周记里面。小锐的周记让我印象深刻：“在物质和精神之间游走的灵魂，何去何从？佛把生命给了我们，也把灵魂给了我们，生命所在，灵魂所在，生命与灵魂同在。”我细读了几遍，始终不解其意，但又似乎领略到什么。我把小锐找来谈心，告诉他，他的周记很有深度，老师有点兴趣，一起谈谈生命和灵魂的话题。小锐很放松，聊得很开心，但当我谈及这些文字与题目的关联的时候，小锐的笑容立刻僵住了，表现得若有所思且浑身不自在。一小会儿的沉默之后，还没等我开口，他便号啕大哭起来。说实话，这样的情况还真让我有些措手不及，我忙着劝慰他，等他情绪稳定下来后，他主动承认自己拿走了小霞的钱。他告诉我，从小父母就不喜欢他，偏爱弟弟，他在家里感受不到温暖和关爱。每次开口向父母要钱时他们都是一副不耐烦的样子，很不情愿地给他，他不想再向父母要钱了，决定自己解决，于是选择了偷，小霞的钱现在就压在他枕头底下。听了小锐这番肺腑之言后，我决定和小锐的父母谈一谈，一来是证实小锐的说法，二来是希望通过我的介入，他和父母之间的矛盾和紧张的关系能有所缓解，使他们彼此之间能多点了解，多点理解。一个傍晚，我来到了小锐的家中与他的母亲攀谈，言语间我似乎感觉到他父母的冷漠。临走时，我把小锐表扬了一番，让父母多关注小锐，多鼓励他。同他道别后，我独自走在乡间的小路上，小锐从后面匆匆追上来，欲言又止，沉默片刻，随后同我告别。回到家，我收到了小锐的短信："老师，小霞的钱在您的包里，谢谢您今天在我的父母面前夸我，我不会让您失望的，小霞的事请为我保密。"

一转眼，一个学期接近尾声了，学校开展了"暑假赚500元"的活动，并派发了相应的活动总结调查表和一份学生与班主任沟通的调查问卷作为暑假作业。当暑假结束作业收回的时候，我惊喜地看到小锐的"暑期社会实践总结"密密麻麻地写满了整张纸，在总结下方的单位主管部门评价一栏中有单位的评价和盖章：认真负责，谦虚好学。在另一份调查表中，小锐以"亲爱的班主任"为题给我写了一封信，在信中他真诚地谈到，他在暑假工作时学到了很多东西，也明白了很多做人的道理，这些都是令他终身受益的。在信的最后一段，他这样写道："亲爱的班主任，您是那么的善解人意，谢谢您，希望您能继续教育好我，让我做个有出息的人。"我很感动，透过那熟悉的笔迹，我仿佛看到了一个带着青春梦想，扬帆起航的花季男孩。

任何孩子的不良行为都是有深层次原因的，或是来源于家庭，或是来源于社会。作为教师，探究学生不良行为的深层原因是对他们进行心理辅导的前提。

大部分的问题学生都有一个共同点：或是父母疏于教育管理，或是父母没有采用合理正确的教育方法，或是成长中缺少有利于其健康成长的家庭环境。此外，社会环境的影响以及学校教育失当等因素，也会在学生心里留下阴影，这些消极因素长期潜移默化地影响着孩子们。因此我们在对这些学生进行教育的同时应首先联系家长，与家长一道为他们创造一个适合他们心理成长的良好的外部环境。教师要善于捕捉教育时机，为他们选择和提供一些教育性强、适合其年龄特征、内容健康的课外书籍，组织他们观看有教育意义的影像或者开展各种有意义的活动以代替空洞的说教，并借此来分散和转移社会不良风气对他们心理的影响。在帮教的过程中，教师应该放下架子，同学生交朋友、谈理想，摸清他们心理活动的脉络，这样才能取得积极的效果。

"对症下药"，找出适合学生个性特点和接受能力的教育方案是感化辅导的关键环节。每个问题学生的家庭背景、个性特征和问题表现都不一样，对问题各异的学生采用同样的教育模式和教育方法不能做到"对症下药"，因此在探究学生问题的深层原因之后对学生进行一对一的帮助教育是必不可少的。

持之以恒、灵活机动的辅导是矫正问题学生心理的根本。在对问题学生进行心理辅导的过程中，教师应有足够的耐心和爱心。受挫往往是难免的，既不能轻易言弃，也不能急于求成。任何学生的教育和成长都是一个漫长而曲折的过程，更何况是问题学生呢？

作为一线的教育工作者，当我们发现孩子们有违反纪律的行为或不良习惯的时候，不能就事论事、随意地批评一通了事。特别是当孩子还处于基础阶段时，培养他们良好的学习习惯、学习兴趣，树立他们的自信心、责任心，这些比传授知识更重要。适当的表扬、鼓励是使孩子健康和全面发展的法宝，我们在表扬、鼓励孩子方面决不能吝啬。在教育孩子的同时，我们要时刻牢记对家长也进行一定的指导和帮助，特别是针对那些自身素质不高的家长，表扬和鼓励不但对孩子的全面、和谐发展非常重要，也与家长关系重大。针对部分家长片面追求分数、只注重孩子眼前发展的现象，我们应该大力宣传素质教育的重要性，使家长们走出"注重分数、片面看重升学率"的误区。着眼于孩子未来、终身发展的教育，使全社会掀起开展素质教育的高潮，将党和国家提出的"素质教育"政策真正落到实处。

对于由早期教育不当、缺少关爱等因素造成的问题学生，我们更应为他们创设良好的学习、生活和人际交往的环境。学生是在不断发展的，个别阶段的学生心理还不成熟，在爱与友善的环境中我们更容易帮助他们纠正错误，使他们用健康的心态正视自己，以积极的行动超越以往的自己，向好的方面发展并进步。

小锐的改变让我懂得了教育的旅程应该是充满爱的旅程，爱不仅能化解一切坚冰，爱更是一种责任和力量。当我们面对像小锐这样内向沉默、自我封闭的学生的时候，我们所需要的，更应该是以一种爱的关注，给予他爱的教育。

42 精心灌溉促花开

郭 建

还记得2009级新生报到的第一天，我在教室迎接每一位新同学的到来。一直到九点钟，仍有一位新生没来报到。正当我准备开始说早已练习了很多次的开场白的时候，一位女生突然闯了进来：一头棕色的长发随意地披散着，蓝色的美瞳，浓浓的睫毛，手臂上缠着一串手镯，短而窄的校服衬衣、西裤，她就是后来被有的老师评价为“从头到脚都有问题”的小晴。

小晴自入学以来，几乎每周都出问题，迟到、上课睡觉、晚归几乎成了家常便饭。说她几句，她也总会顶回来。她的棕色头发也是经过无数次劝说之后，才染成了黑色。班里同学对她也是敬而远之，大家都觉得她太特立独行了。我和她磨合的日子，感觉过得特别慢。

高二第一学期，无意中了解到她最近经常出夜街，我约了她的爸爸来学校谈一谈，学校德育处的领导也参加了这次谈话，最终一致决定让她先回家反省一段时间，如果还想好好上学就再和我联系。那段时间，班里同学向我反映班级纪律特别好。少了小晴，虽然班级的纪律变好了，但我心里总像是缺了点什么，感觉有点空空的。那时我总在想：如果小晴就此不来上学了，这件事情会不会影响她的一生呢？终于，在我的等待中，她给我打来了电话：“老师，我还想上学，我会好好上学的，不会再让您操心了。”心软的我一口就答应明天就让她来上学。有同事问：你相信她这么快就能变好吗？她来了肯定还是会经常导致班级的分被扣的。其实我也有这个担心，但是我实在不忍心让一个应该待在课室里学知识的女孩子终日在家里闲玩，那样她不是会更加放纵自己吗？我相信自己的决定是正确的。

回校的小晴在一段时间里表现不错，没有违反任何纪律，但是上课的状态还是不怎么好。我觉得她一开始能做到这个样子已经是尽了很大努力了，不能对她要求太高。她有一点点进步我马上就会在班上大力表扬她，还安排她做纪律委员，并且告诉她：要想管好班级纪律，首先自己要做好表率。她也点头答应了。我想让她通过为班级做点事，逐渐找到自己在班里的位置。之后的几周，她做得还算不错。但是一段时间过后，不要说班级纪律，她连自己都管不住了，似乎又回到了原来的样子：迟到、睡觉、晚归。这让我觉得有点失望，我是不是真的做错了？是不是不应该那么轻易就原谅她，应该让她多反省一段时间，真真正正地改正好了再回来？每次和她谈过话后，她会表现好一点，但没几天就又恢复原样。在我的后悔和她的反反复复中，不知不觉就到了高二第二个学期。

某天，在一次和学生的聊天中，突然了解到我班有女生正在和社会青年拍拖。听到这个消息，我大吃一惊，那个学生看到我吃惊的表情就说："老师，您想一下就知道是谁了。"这时，一个人的身影马上就在我的脑海中浮现了出来。当时我的心里非常愤怒，这样的事情也太叫人担心了，单是平常的违纪也就罢了，这次可是关系到交友问题的事情啊！我很想马上叫她来办公室问个清楚，或者干脆给个处分算了。但理智告诉我要冷静，不能硬来。

经过一个下午的思考，我的心里已经有了计划。晚修的时候，我先把班上的几个同学叫了出来，几个人分开单独谈话。通过谈话，我了解到小晴是在兼职的时候认识了那个男的，并慢慢熟起来，那个男的就追了小晴，他们也只是周末的时候见面，并没有做出什么出格的事情，而且那个男的品行还算可以。这个调查结果让我悬着的心稍微放松了一下。几个同学回到班里后，我把小晴叫了出来。她很不安地问我："老师，您找我什么事？"我反问道："你觉得呢？"她笑笑说不知道，但脸上的忐忑是掩饰不了的。我说我对待学生犯错的态度你也知道，知错就改的可以考虑给机会，但知错不改、拒不认错的就要严格执行校规校纪了。该怎么做，你好好考虑一下吧。

她问道："老师，事情您已经知道了吧？"我说："我还是想听你自己来说。"接下来小晴就讲述了那晚的事情，和另外几个同学所说的相差无几。听完她的诉说，我说："这次的事情，鉴于你认错态度诚恳，老师决定再给你最后一次机会，真的是最后一次机会了！希望你以后要遵守纪律，类似的事情决不能再发生。从入学到现在，你已经让老师操了太多心了。现在的你也马上要升入高三了，应该比以前更加懂事才行，老师真的已经对你付出很多了。"她点了点头说："老师，谢谢您没有放弃我，初中的时候班主任不让我住校，说我会拉班级的后腿。而您一次又一次地对我进行说服教育，让我感觉到了您的关心和爱护，我今后不会再给您添麻烦了，至少我会把自己管好，接下来您就看我的表现吧。"听了她的这番话，我感触良多，原来老师眼里的"后进生"也懂得老师的关爱，也懂得感恩。

在后来的班际篮球赛上，几个同学受伤了，后备队员已经全部上场了，可还是缺一个人，剩下的同学都说从没打过篮球。这时，人群中的小晴站了出来，大声地说："老师，让我上吧！"她的这个举动让大家都很吃惊，因为以前的她是从来不参加集体活动的。惊讶之余我决定给她这个为班级做贡献的机会，我告诉她：不管结果如何，参与了就是胜利者！场上的她技术虽然不是很好，但打得很是卖力，不时赢得同学们的掌声。通过这件事情，班里的同学也渐渐改变了对她的看法，陆续有同学开始和她聊天，甚至和她成了好朋友。在接下来的趣味运动会中，她表现出色，不仅参加了多个项目，而且积极组织同学们练习。高三的运动会上她拿到了三级跳远的第二名，还参加了学校的舞蹈队，代表学校参加的顺德区中学生健美操比赛也取得了第四名的好成绩。她的学习成绩进步得虽然不是那么明显，但已经能按时完成作业、认真听课了。她的父母也打电话告诉我，小晴在家里像是变了一个人，回到家能主动做家务并开始知道关心父母了。晚上她也会在家里做作业，再也不在夜晚出门了。

小晴的转变让我成就感大增。只要老师愿意付出，在学生身上多花些时间和精力，多给他们几次机会，多鼓励他们，给予他们信任，他们也能转变成努力、上进的学生。如果我早早就把小晴放弃了，或许她早已进入社会，不知会碰到些什么样的人，也不知会变成什么样子，那样我会后悔一辈子的！我庆幸自己给了她改正错误的机会，庆幸自己始终没有放弃她。虽然我不认为自己是多么成功的老师，但我成功地转化了一个大家眼中的"后进生"，践行了学校"成才百分百"的教育理念！这也让我对班主任工作有了更进一步的理解和认识。在以后的工作中，我会继续秉承"成才百分百"的理念，给同学们多一些机会、多一些时间去认识自己的缺点，去端正自己的言行，帮助他们在某些方面成才。

如果花儿因为一开始的长势不好就被早早放弃了，我们是看不到它开花结果的，也就很难发现它的价值。每朵花儿都需要开花的机会，我们的学生也是一样。很多学生就像一朵朵一开始长势不好的花，需要我们给予帮助，给予信心，并耐心地等待他们的转变和绽放。

43 阿欣的转变

雷　云

阿欣（化名），一个很美的名字，我原以为她是一个文静美好的女生，然而她有着比男生还要顽劣的个性。她不仅嗓门大，还“出口成脏”。当你在课堂上善意提醒她时，你会得到更加恶意的回敬。就是这个男生般的女生，让我这个班主任煞费苦心。

高一上学期时，我还没有成为她的班主任，只是作为她的科任老师，那时还没有怎么领教到她的个性，也没有什么特别的印象。她不喜欢学习，但是对于我教授的“FLASH 动画制作”，她还是有一定兴趣的。而这个学期我教授的“FLASH 动画制作”多数是实践课，可以说她还是挺认真的，在课堂上就能完成上机练习，所以我对她的评价还可以。她的发型与众不同，头发染成了红色，修理得参差不齐，特别显眼，一般的男生也不会弄成这样。她给人的感觉根本不像是一个女孩子，性格比较外向，说话无所顾忌，所以“男人婆”的称号便不胫而走。直到这个学期我也只是听说而已，还没有怎么领教到“男人婆”的威力。

到了高一下学期，我“荣幸”地成了她的班主任。就从这个时候起，我开始了与“男人婆”的数次“较量”。

第一次的“较量”发生在高一下学期初，学校要求全校学生对自己的仪容仪表进行整改，她那显眼的发型理所当然地属于要整改的行列。其实我心里很明白，她肯定是不会整改好的，也可以肯定还会有其他同学追随她，要知道在班上她还是有几个好朋友的。第二天，果不其然，她的头发还是红色的。这一次，我并没有在班上公开批评包括她在内的几个同学，而是私下里找她们单独谈话，对她们提出了要求，限期当天进行整改，第二天再次检查，否则将把她们交给学校德育处进行处理。因为我刚接手班主任工作不久，作为“后爸”，她们也不清楚我的管理风格，我想她们当中肯定还会有人不整改。等到第二天回校后，我发现昨天没有整改的同学基本上都整改好了，但唯独她没有整改。按要求我将她“请”到了德育处，其实我也很不想这样做，一来麻烦了德育处的领导和老师，二来也显得自己很没有能力，只会将违纪学生交给学校。但我思虑再三，还是

“请”她到了德育处，这主要是想证明我是说话算数的。这件事她当然是很不高兴，第二天回校后，算是有了点改变，至少头发是黑了一些。通过这件事我主要是想向全班同学当然也包括“男人婆”证明，我是言出必行的，也让她明白要学会遵守规定，做人不能随心所欲，要有规则意识。

另外一次是高二上学期，数学老师又一次向我投诉了她，说她上课跟左右两边的同学讲话，而且不接受老师的批评，对老师爆粗口，令数学老师非常生气。阿欣太注重面子，容不得别人在众人面前批评她，所以便经常地在课堂上与老师发生争执。这次数学老师把请她出教室，她非常不乐意，嘴里讲着粗话气冲冲地走出了教室。这一次，我足足跟她谈了将近两个小时，让她充分意识到自己的错误。这个过程中，我抓住了她“死要面子”这一特点，让她得到了充分的自尊，这当中我也向她提出了一些具体的要求。但我并没有叫她去跟老师道歉，因为我想她肯定也不愿意这样做。经过这一次之后，在课堂上她的表现确实有所好转了。后来经历了又一次类似的事，经过校领导的教育，她认识到自己的错误，并保证今后不会再犯。自此之后，她在数学课上也有了较大的改变。从数学老师的反馈来看，她的改变还是蛮明显的。她意识到上课是学习的时间，特别是在老师讲课的时候更是要认真听讲，一是尊重自己，二是尊重老师，三是尊重同学们。这也让她明白“什么山头唱什么歌”，要在合适的时间、合适的地点做合适的事。正所谓“适者生存”，做人要学会适应。

从这些事可以看出，平时在教学的过程中，还是需要充分抓住学生的心理特点及性格特征，有针对性地进行教育。对于“男人婆”这样的学生，我充分地抓住了她好面子这一特点，让她的自尊心得到满足。我也当着全班同学的面对她的优点进行肯定和表扬。如校运会期间，她积极参加校运会，而且也取得了较好的名次，我便在班上大力表扬她积极关心班集体，为班争光。她也积极帮助其他同学，如二话不说便将校运会上受伤的同学背起来去看校医。这些细小的地方我看在眼里记在心上，在班会课上大力表扬她关心同学的行为，也让她知道老师都在肯定和表扬她，我向她释放了一个信号——其实老师都是在关心她的成长与进步。她不只是给人留下“男人婆”的印象，也让老师和同学们认识到她对集体的热爱和对同学的友爱。经过一年的教育和跟踪，无论是在行为习惯还是学习习惯上她都有了较大的改变。我推荐她参加学校的各项活动，如在高二下学期她也积极参加了学校女子足球队的训练，我从带队老师处了解到她训练非常认真，得到了带队老师的肯定。我也第一时间在班上对她进行了表扬。她本人素质也有了较大的改变，讲话也少了一些粗口。这让我看到了这个被称作“男人婆”的女生，既有男同学一般的豪气，也有对同学、对集体的关心。

阿欣有着细腻的内心，只不过性格显得外向而已。其实拥有这种性格也不是坏事，做人做事够直爽、够义气也未尝不好。我只是在日常学习生活中不断地提醒她，只要在以后的工作中稍加注意，其实这种性格也会成为她的一大优势。阿欣毕业后，我了解到，她的工作还是做得相当出色的。阿欣的成长是班级的集体作用，也是学校整体教育的结果。不管怎么说，阿欣的变化很明显。其实只要对学生的教育工作做得到位，贯彻“成才百分百”的教育理念，因材施教，“让每个学生都成才”就不会是一句空话。

44 没有差生，只有差异

王超楠

小老板创业街是陈登职业技术学校商贸专业的一个特色实训基地，学生模拟经营商铺，出售食品、生活日用品、特色商品等，将《营销技巧》《经营管理》等课程运用在实训经营中，寓教于乐、理论联系实际，以达到更好的教学效果。

作为陈登职业技术学校的一名新教师，在第一次迈进陈登职校大门的时候，我就深深地被创业街所吸引。接触创业街后更是发现，传统的课堂教学并非万能，反而一些非传统的教学方式能够将一些“问题学生”发展成为“优秀榜样”。和商贸专业学生一起进行商铺经营让我受益匪浅，也充分理解了梁泽洪校长一直倡导的“成才百分百”的教学理念，我从内心开始信服“没有差生，只有差异”这句话。

最近，网络流行一个词语叫“橡皮人”，是指那些没有痛点、没有乐趣、没有梦想的少年，而小华（化名）则是商贸专业“橡皮人”的典型代表。他上课表现很糟糕，大脑永远游离在课堂之外，没有思想，没有目标，还是个话痨。回答问题的时候他也总是带着搞笑的语气不知所云，作业永远是“鬼画符”，并且从来没有独立完成过，也不会用大脑去思考任何与学习有关的事情，上课睡觉、玩手机已经成为他的一种常态，并且每次被老师强行从周公处拉回的时候他总是露出一副很不满的表情，不久之后继续趴下。

但是，自从到商贸专业的创业街实训后，小华竟然有了翻天覆地的变化，每天都精力充沛，不知疲倦，从一个“橡皮人”变成了一个在创业街无所不能的“超人”。放学时他总是第一个冲出教室，狂奔到创业街准时开铺，积极地招揽同学和老师，完全没有在教室那种的懒散状态，还帮助店铺的队友一起收银，不管碰到什么样的顾客、不管顾客以什么样的态度来购物，他都能够微笑相待，并且时刻传递给他的队友们“顾客就是上帝、顾客就是我们的衣食父母”的经营理念。他经营的106店铺也是所有店铺中生意最红火的一个，很多顾客都成了106店铺的老主顾，并且会介绍一些新顾客来光临，为106店铺增加了很多生意。

有一天，小华拿了一张100元的钞票，愁眉苦脸的来找我：“老师，这张是假钱，辛辛苦苦干了这么久白干了。”了解事情的经过后，我发现大多数学生不懂得辨别钱币的真假，于是紧急进行培训，但是那张假币造成的损失只能由他们自己店铺进行均摊。但是，一个星期后同样的事情又发生在了105店铺，他们也收到了一张假的100元。由于没有足够的流动资金购买验钞机，以至于在很长一段时间店铺拒收一百和五十元面值的人民币。如果顾客没有零钱，他们宁可选择不卖，但是开店哪有把进门的顾客推出去的道理呢？后来小华突然找到我，说他想到了一个办法，让那些拿50元、100元的顾客自己用铅笔在纸币上面写上自己的班级和姓名并对照学生证核实，这样就没人敢在创业街用假钱了，就算出现问题也可以及时找到这个学生，避免不必要的损失。这个办法经过班级讨论一致通过并很快实施，从此再也没有店铺收到过假钱了。

小华在创业街感受到被认可、被需要后，他在《商业经营实务》这门课中也成了真正的“问题学生”，课堂上他总是会提出各种与经营有关的问题，会时不时地跟老师探讨一些有关促销、宣传的建议和方法。圣诞节前夕，他带领整个创业街的同学策划了一次圣诞节促销活动，他们对每个店铺都进行了装饰，在店铺前面安放了一些圣诞树及小礼物，并且配上歌曲以营造节日气氛，还设计张贴了一些圣诞促销海报，这些不仅吸引了广大师生的眼球，还增加了商品在节日的商业价值，为店铺赢得了更多的利润。

由此可见，并非所有成绩差的学生都一无是处，每个学生都有自己的过人之处，有自己的发光点和闪光点。作为教师，要因材施教，要不忘初心地去寻找、去发现，帮助每一个孩子找回那个发光的自己。

在创业街，另外一个表现突出的学生是商贸专业经营205店铺的小孟（化名），小孟由于一直表现不是很让人满意所以被“重点关注”，在同学心中，他是一个顽劣并且脾气暴躁的小伙伴，无心学习，上课经常讲话、睡觉。同时又极爱面子，忍受不了别人的批评，当同学无意的一句话冒犯了他，他就会立刻翻脸甚至动手打人。但是，当开始经营创业街以后，他的举止却发生了很大的变化。在最初的店铺招标时，小孟投标了206店铺，很巧合地与别的同学投出了相同的标价，老师面对这种情况很为难，究竟把206店铺给谁经营呢？但不管是选择组成员都会对另外一组不公平，正在这时，小孟作为店长主动让出了206店铺的经营权转而经营205店铺，而205店铺在地理位置和铺面的大小上来说同206店铺都有很大的差距。这件事让我看到了一个不一样的小孟，也让很多同学都对他的印象有了不同程度的改观。

在接下来的经营过程中，小孟也给大家展示出了一个不一样的自己，在课堂上脾气暴躁的小孟在创业街却表现出了超出常人的稳重，并且时不时地展现出商人的样子，性格也开始慢慢变得活泼开朗，再也不是那个闷闷不乐的叛逆少年。在店铺经营和管理上，小孟具有惊人的商业头脑，当别的店铺都在经营一些常规日用品以及食品的时候，小孟和他的团队针对店铺经营产品进行了专业的分析，他们认为如果和其他店铺经营相似商品的话，从店铺的地理位置、店铺大小甚至购货成本等因素来分析，他们没有任何优势可言，如果想要增加营业收入，必须推出一些别的店铺没有的商品，要树立“人无我有，人有我优”的创新理念。在任何时候，市场的头把交椅永远属于领导者而非跟随者，所以要做那个创新的领导者。就这样，205 店铺在小孟的带领下开始了他们别具特色的手机贴膜、手机维修等业务。当问及他为什么会想到开展电子产品维修业务的时候，他说：“现在的学生对手机有强烈的依赖感，他们可以不吃饭但是不可以没手机，而手机长时间使用就会比较容易出问题。学生没有经济来源，当手机出现问题时先想到的是维修而非淘汰，所以我们决定要开展这一个经营业务。手机贴膜和维修制作成本很低，需要的是技术，而我们的团队拥有这一技术，所以开展此项业务是最适合我们的。”经过一段时间的检验，证明了小孟超强的经营头脑，他们大获成功。小孟不仅在开展业务上具有一定的商业头脑，而且在店铺设计上也展示了别样的才能。一开始，每个店铺的货架都是统一的，所以室内摆设基本都一样。但是，小孟为 205 店铺精心设计了独一无二的摆货架。他一直在给他的团队讲要做独一无二的自己，店铺当然也是一样，当顾客发现某家店铺和别人不一样的时候，好奇心会驱使他们进来看一下，只要顾客进门再加上热情的服务、优惠的价格、高质量的商品，一定会客源不断、生意兴隆。

这种在课堂和课外反差很大的例子还有很多，不是所有的“坏孩子”就真的是“坏孩子”。正如梁校长所说，“成才百分百”的办学理念是建立在多元智能理论上的人才观，不以学业成绩为检验人才的唯一标准，而要重视学生的全面发展。“三百六十行，行行出状元”，相信每个学生都拥有成才的可能和条件。

我们老师也应该树立一种全新的教学理念，教学要从学生的实际出发，书本知识只是书本知识，学生学习成绩不好并不意味着在社会上就不能成才。伟大的牛顿在儿时也是成绩平平，但是他发现了万有引力定律；乔布斯大学肄业，创办了苹果公司，并且让无数人争先恐后地去购买他的产品……一个个鲜明的案例都在告诉我们，我们的中职生在传统的教学模式下，可能难以展现他们出色的能力，但是如果我们给他们提供一个合适的平台，他们就会找到适合自己努力的方向，这就是我们陈登职业技术学校的特别之处，也是“成才百分百”理念的最好体现。

45 一把钥匙开多把锁

彭晓利

引子：钥匙与锁的较量就像矛与盾的较量一样，从来就没有停止过，一直以来，人们为此费尽心机，绞尽脑汁。在长久以来的斗争中，作为“盾”的锁，在大部分时间里一直没有占过上风。制锁人与开锁匠的较量是“道高一尺，魔高一丈”，这种智慧的斗争已持续了几千年。今天，这种钥匙与锁的较量也在学校的教学工作中进行着。

俗话说“一把钥匙开一把锁”，可“职业学校的班主任”这把钥匙可不能单单只开启一把锁，班上的“问题锁”都要一一打开，并且还要注重方式和结果，在不破坏锁的情况下打开锁簧。

2009 年 9 月，我初次担任班主任工作，作为一个新班主任，也知道品学兼优的学生，任何教师都喜爱，因为在他们身上下功夫容易取得成效，老师也容易获得成就感。而一些“问题锁”表现不尽如人意，教师投入的精力多而见效少，往往付出和收获不成正比。因此，在日常工作中，教师对此类学生批评多、指责多，关心和帮助少。结果是“问题锁”的问题不仅没有得到解决，甚至问题更多了。我也反思了自己过去对“问题锁”的态度以及教育行为，更加耐心细致地做学生的思想工作，给予他们更多的关心和爱护，使我这把“钥匙”可以开启多把“问题锁”。

一、个案简介

新生入学前 3 天，我找新入校学生来校做清洁，按照入学名册随机找了几名学生来学校打扫，其中就有郭同学，她当时一口答应。可她来了之后，我才发现事态的严重，她穿了一件极其暴露的上衣，身着超短裤，头发也是烫染过的。更糟糕的是她脖子上有很多被亲吻的痕迹，学生中把这个叫作“草莓”，她自己倒是毫不遮掩，而且还一副满不在乎的模样。于是她成了最早进入我的视线并引起我的关注的学生，也是我决心重点转化的对象。当时的我觉得，这个班真要好好跟踪了。在和她沟通之后，我得知她还有个双胞胎妹妹也在我们班。从第一周开始，连续几周郭同学脖子上的“草莓”从没间断过，郭同学的双胞胎妹妹也被值日老师抓到被男朋友用摩托车送来上学，郭同学自己也是经常迟到，不参加值日。在军训开始时也表现出不接受老师的批评和教育的态度，并且顶撞教官，很难管理。

二、原因

通过与其他同学聊天我了解到，她在初中时就是问题学生，扰乱课堂成习惯，同老师顶撞是家常便饭，有时还会逃学，在初中时就多次在班会时被点名批评教育。通过与家长联系和家访，我了解到她家是单亲家庭，母亲在外地工作，她现在和 70 多岁的奶奶一起生活。由于生活上无人监管，自然养成了一些不良习惯。不过，我相信只要找到了症结所在，一切便会迎刃而解，她这样的孩子也不例外，毕竟她还只是个孩子。

三、措施及效果

针对她的情况，我为她制定了帮教措施，决定要循序渐进。有了好的表现，就及时表扬、鼓励；有不好的表现也不是简单地批评，而是告诉她应该怎样做。我把她身上的问题看成是一把把的“问题锁”，用我这把“钥匙”去打开。

1. “铁将军”锁

“铁将军”锁是我国 20 世纪 50 年代最常使用的一种锁，又硬又结实。郭同学属于那种撞到南墙都不回头的人，做事不管对错都认死理，在恋爱问题上更是“宁死不屈”。有一次，我当着她的面批评她男朋友，她竟然拉起男朋友的手不松开，并且为了和男朋友在一起，竟以退学来要挟老师。以上现象表明，郭同学的行为就像一把典型的“铁将军”锁。

针对郭同学的这一行为，我一方面与其讲解过早恋爱的不利之处，另一方面在班上对她施加强大的压力。我利用一次班会课讲解了恋爱的优点和缺点，并且要求女生洁身自爱，要懂得保护自己。我提到，早恋中吃亏的往往是女生，而且作为女生要含蓄，不能太张扬。群众的眼睛是雪亮的，以后到了谈婚论嫁的年纪，人人都知道你之前有个宁死不分的男朋友，就算有优秀的男孩子喜欢你，他也会有所顾忌的。说完这话，我看到她偷偷地把衣领往上拉了一下，我知道我的话开始慢慢起到作用了。在之后的几周内，我天天观察她，只要脖子上没有吻痕我就表扬她，开始她也不好意思，到后来她干脆每天都让我看她的脖子。我也适时地找她妹妹谈话，看到了姐姐的进步，妹妹也开始自己踩单车来上学了。看到她们的进步，我顿时感觉轻松了很多，也从心里觉得，我这把“钥匙”算是打开了这把“铁将军锁”。

2. 密码锁

密码锁是主要用于保险柜的安全性较高的锁，没有特定的密码它打不开。郭同学军训就开始不按时到校、旷课并且装病，我几次电话通知她回学校，她干脆不理不睬。我她说若不参加军训，毕业时就扣留毕业证，她也一副若无其事的样子。以上现象表明，郭同学的行为就像一把“密码锁”，输入密码不对的话，再怎么着急也打不开。

针对郭同学的这一行为，我对她进行了仔细观察，发现她虽然自我约束力较差，但只要是她喜欢的事情，她还是会很认真地去完成的。我立刻做出反应，她运动方面比较好，我便选她做体育委员，让她负责校运动会的班级报名。她不但自己第一个报名，而且在同学之间打探其他同学的体育成绩，找体育老师咨询意见，发动大家报名。我们班只有6个男生，在她的努力之下，他们也都报了名。

运动会开幕式的入场仪式也被纳入了评比的项目，各个班都比较重视。刚开始的时候我天天去跟，找创意，可效果很差。在一次没有效果的训练之后，我告诉她，这些事情我以后再也不管了。但几天后的一节体育课，她来找我，让我去验收。看到他们新编排的动作，听到她沙哑的声音，我真的很感动，更重要的是她可以从一个不守规则的人转变为有组织能力的人，令我十分欣慰。我也不失时机地告诉她，同学们这么配合她、给她面子，希望她也要作出表率，任何事情都要积极，学会相互理解。例如清洁、上课，都要给卫生委员和班长面子，都要做到让别人无可挑剔。后来，她都能按时清洁，不清洁的名单里再也没有她，在日常的班级管理中她也成为我的好助手。从她的进步来看，我这把“钥匙”找到了破解这把“密码锁”的正确密码。郭同学或其他同学身上可能还存在各种“问题锁”，我会尽力使自己成为与之相配的钥匙，打开一把把“问题锁”。

从这个案例中我们可以深深地感受到：如果一个孩子整日生活在批评之中，他只能学会谴责；如果一个孩子生活在鼓励之中，他就能学会自信；如果一个孩子生活在讽刺之中，他只能学会害羞；如果一个孩子生活在认可之中，那么他就能学会自爱。从来就没有一无是处的学生，问题在于老师站在什么角度去看，用什么样的语言去表达。用情、用爱、用智、用心是保证学生心理健康的最好良药。要更多地站在学生的角度想一想，给予他们更多的关注与爱，用自己的一片真心和真情去激励他们，打开他们的心结，使他们更健康、更快乐地成长！

教学过程中，作为老师的这把“钥匙”也会遇到形形色色的“问题锁”，我们也相信，“钥匙”永远占上风，永远没有打不开的“锁”。

后记：2012 年 7 月，郭同学顺利毕业。在校三年间，在她的带领下，我们班连续三年获得校运会团体冠军、女子团体第一名。她不仅创造了有史以来校运会女子 200 米的最好成绩，还带领我们班的女生打破了保持多年的 4 × 100 米校运会纪录。她还积极参加了英文讲故事、英文 TOP SALE 等比赛，成绩虽不是很理想，但这种态度也是值得我们欣赏的。现在的郭同学，已经成功转型为一名外贸人员，因为胆大心细，做事干练，有魄力和客户沟通也有办法，她常常能独立完成业务，深受老板的信任和喜爱。

这是让我印象极深的一名学生，是她教会了我如何用心去和学生沟通，也告诉了我作为一名班主任要担负的责任。

46 要“赢得”孩子，而不是“赢了”孩子！

皇秋明

一、基本情况

机电班学生小冲，当年初见他时，觉得他相貌平平，不爱说话，是班里有名的“懒散大王”。初中时，他已经有吸烟、旷课、打架等行为，是要重点关注的学生。高一时，因打架受到了“记大过”处分。不过也有优点点，读小学、初中时喜欢踢足球，技术还不错。

优点：外表虽然很冷漠，其实心地善良、热情，乐于助人，而且诚实、勇敢、讲义气。

不足：不善言辞，以自我为中心；学业基础差，缺乏学习动力，没有学习目标；自律性差，行为懒散，经常迟到，不交作业，上课睡觉。

二、教育背景

我通过与小冲本人谈心，了解他的思想；通过与他的同学、朋友聊天，了解他小学和初中时的行为表现；通过家访，向其家长了解情况；通过档案资料了解他以前班主任对他的评价。经过了解和分析，我认为小冲的思想和行为出现问题的原因主要集中在以下几个方面：

1．个人原因

小冲比较任性，以自我为中心，希望所有人都能像他的家人一样迁就他。他不善言辞，语言表达能力差，缺乏人际沟通和交往的技巧，与同学沟通困难；为人处世能力差，不会看他人脸色，不善于感知情境，不知道什么时候该说什么话，什么情况下该做什么事；不知道怎样准确地表达自己的意思，情急之下容易借助肢体语言直接诉诸行动，喜欢动手甚至打架，在对方看来，自然就是受侵犯了，因此容易酿成事端。

小冲当初任性、特立独行的行为下掩藏着一颗自卑的心，他期望得到同学的友谊，但不懂得谦让和关心他人；希望得到家长和老师的关注和尊重，却在获得关注与尊重的时候又有错误的想法。渐渐地，他变得对自己灰心，认为自己什么都做不好，努力也没有用，希望老师和家长放弃自己，不愿意得到别人的帮助。

2．家庭原因

小冲是家里排行最小的儿子，是奶奶带大的，他还有一个姐姐。其父母文化程度都不高，靠打工维持生计，父亲少言寡语，母亲说话唠叨，是典型的朴实勤劳的农民。小冲的父母工作很辛苦，他们一方面希望小冲读好书、将来有出息，另一方面认为“好爸爸”“好妈妈”就应该尽可能地满足孩子的需要，让他少吃苦。小冲童年时学习成绩不错，是父母的骄傲，从小被父母和姐姐娇惯，只要感觉没有得到父母和姐姐的照顾或自己的要求没有得到满足，就经常发脾气。上初中时，小冲接触了一些因无心向学而游手好闲的社会青年，开始有吸烟、旷课、打架等不良行为，成绩急剧下滑，父母因此变得十分失望，便用责骂，甚至体罚的方式对待他，使小冲变得更加反叛。

3．学校原因

小冲从初中开始，学习跟不上，上课听不懂，这导致他更加逃避学习，无心向学。加上老师批评得多、鼓励得少，上课时以及课后也没有对他跟进辅导，这使得他认为老师也不关心他，因此更加自暴自弃，干脆破罐子破摔。进入陈登职校后，他读的是机电专业，他根本不喜欢，加上学习方式与以往有些不同，他更加不适应，这导致小冲经常迟到、不交作业、上课睡觉、无心向学、行为懒散。

三、辅导过程及方法

1．寻找不良行为背后的原因，对症下药

一个行为不良的孩子，往往是一个丧失信心的孩子。孩子随时随地都在作着决定，并形成对自己、对世界应该做什么才能生存或成长的信念。学生的不良行为背后有其错误的观念和行为目的，但是学生意识不到。那是隐藏的“密码”，老师只有识别出这些行为背后的深层次原因，才能有效地帮助学生改变不良行为。

小冲经常迟到、上课睡觉、行为懒散、没有学习和生活目标的思想与行为背后，是他对自己感到灰心，不相信自己能有所作为，认为自己无助且无能，是退缩和自暴自弃的表现。他的不良行为是建立在怎样不择手段地获得归属感和自我价值感的错误想法上的，是缺乏自信和有效技能的表现，是因失望而产生的行为。

2. 设置成功的机会，有效鼓励

鼓励是改变孩子不当行为最有效的方法。鼓励不是对孩子不良行为的奖励，而是消除孩子对不良行为的需要。我经常在休息时间同小冲聊天，时常抚摸着他的头说：“今天能量不够，自控能力又下降了，记得老师一直在为你加油哦，你也要相信自己能行。”每次做作业，我也总是走到他跟前，让他在我的帮助和指导下完成各种作业。在机械制图课上，我经常耐心细致、手把手地教他，向他演示各种小步骤。刚开始时，我采用我来画图的一半，让他画另一半的办法，接着让他跟着我的基本步骤画图，当他完成时，我总是在全班同学面前大力表扬他付出的积极努力。同时，在课堂上鼓励他选择他的好朋友阿宏来当“小老师”帮助自己。

家访时，我与小冲的父母、姐姐达成共识，要读懂小冲行为背后的原因，要放弃对小冲过高的期待，但对他本人决不能放弃。我提醒家长不能用简单粗暴的方式打骂孩子，少指责、多沟通，少批评、多鼓励。请家长多指导小冲“见什么人说什么话，到什么山上唱什么歌”，督促其每天晚上读书十分钟，读自己喜欢的任何书都行，但要朗读出声，声音要大。我还建议家长给他请家庭教师，补习初中的知识。

“我们班的小冲越来越有上进心了。”我经常在班上肯定他的进步。虽然他的学习和生活习惯不可能一朝一夕就彻底改变，但是他的行为表现确确实实进步很大，他不再旷课，不再上课睡觉，成绩也有所提高。

3. 发挥足球特长，扬长避短

我以小冲喜欢踢足球、技术不错为基础，关注他的优点，表达对他的信任，鼓励他做出的任何微小的但是积极努力的行为。得知小冲很喜欢踢足球，而且有一定的基础，我鼓励他加入班级足球队，他爽快地答应了。但由于他比较“独”，很难与其他队员沟通和配合，遭到同学抗议，让他打起退堂鼓。我找他谈心，鼓励他为班级荣誉付出努力，引导他换位思考，同时鼓励其他队员多与他配合。后来，小冲逐步成长为主力队员，同时还担任了班级足球队的队长。

4. 培养受用一生的人生技能，因势利导

班会是培养学生有价值的社会技能和生活技能的最好途径。自从我定期召开班会以来，我的学生开始懂得互相尊重和互相帮助，他们自己解决自己的问题，而我则有更多的时间用于教学。在班会上，学生们通过相互致谢以及头脑风暴来找到解决问题的方案，培养解决问题的技能。他们学会了正确的表达、开阔的思路、耐心的倾听、快速的记忆和客观的思考技巧，懂得了自己的选择造成的逻辑后果。

四、教育成果及反思

一年以后，小冲的语言表达、沟通能力提高了，整个人的精神状态都有了积极的变化。经过学校和家庭共同的正确教育，小冲的表现越来越好，学习也有了目标，并带领班级足球队为班级和学校争得了荣誉。高三时，他担任了班级卫生委员，为同学和班级提供了更多的帮助和服务。在各种锻炼中，他感受到团队的力量，领会到合作的魅力。他的人际沟通能力和语言表达能力有了长足的进步，个性渐渐开朗，成绩逐步提高。毕业后，他被一家贸易有限公司录取为业务员，2006 年 4 月开始与人合伙创办家具厂，生产办公家具，年销售额达一千多万元。这些年来，我们一直保持联系，成了知心朋友。

在小冲成长变化的过程中，我清晰地看到：归属感和自我价值感是所有人的首要目标，孩子尤其如此。一个行为不良的孩子，往往是一个丧失信心的孩子。美国教育家和杰出的心理学家简·尼尔森在其专著《正面管教》中写道："孩子的不良行为是孩子的求存模式，建立在怎样达到归属感和自我价值感的错误想法上，其不当行为是缺乏知识的行为、缺乏有效技能的行为、因失望而产生的行为。"在转化小冲的过程中，我也清醒地认识到：

①老师只有读懂学生的不良行为背后的错误观念和行为目的，才能有效地帮助学生改变不良行为，要凭智慧“赢得”孩子，而不是凭蛮力“赢了”孩子。

②鼓励是改变孩子最有效的方法。一个受到鼓励的孩子不需要不良行为。鼓励不是对孩子不良行为的奖励，但是它消除了孩子对不良行为的需求。

③班会是学生养成有价值的社会技能和生活技能的最好途径。在班会上，他们学会了正确的表达、倾听、客观思考的技巧，明白了自己的选择造成的逻辑后果，这会使他们在今后人生道路中的每一个时刻都受益匪浅。

47 痞子领袖变形记

杜　秋

当我接手一个新班时，发现这样一个情况：这个班学生的学习基础普遍较差，在全级十二个班里入学成绩排倒数第二。一部分学生行为习惯较差，更有六个调皮的学生在初中时就是同一个班的，他们相约一起报考我校电子商务专业，目的就是方便他们“兄弟情谊”的继续深化。

开学的第一个月，我使尽浑身解数狠抓班级各项管理工作，为今后良好班风的树立打下基础。可是由于“六人帮”的力量太强大了，效果不太理想。开学第五周，学校通知将在第七周举行广播体操比赛。集体活动最能改善班级面貌，促进班风建设，所以我非常重视这次比赛。我激情澎湃地来到班级作比赛动员：“同学们，广播操比赛是我们入职校的第一次集体活动，我们要在放学后勤奋练操，争取拿奖，把我们的良好风貌在全校师生面前好好展示展示，相信大家肯定可以做到最好！”也许是听到“放学练操”的缘故，班上炸开了锅。这时，一个极具穿透力的男高音刺进我的耳朵：“怎么练都没用，怎么可能比过女生班，所以我们根本不用练了！”他的话音刚落，课室内顿时响起了异常热烈的掌声。这掌声意味着他的话才是“民心所向”，这让讲台上的我尴尬无比。如果就这样败下阵来，我将从此无法在这个班立足，更别说去改变他们了。于是，我清了清嗓子，喊道：“同学们，刚才有个同学敢于发表自己的见解，非常好，我也想把掌声送给他，能让我知道他是谁吗？”没有人回答我，但孩子们的目光齐刷刷地指向了一个人：坐在后排的一个男生，他眼里带着些不屑，原来是副班长阿朋。班干部带头反对班主任，我恨不得把他臭骂一顿。可我说过要把掌声送给他，说到做到，我朝他鼓起掌来，而他却不动声色，犀利的目光逼视着我，仿佛在向我挑衅。那一刻，我心凉了：“这个副班长不但不帮我，还向全班同学传达着负面的信息，真是气愤呀！”

阿朋这个人很爱面子，颇有主见；很讲义气，人缘极好；酷爱运动，在班级有一定的号召力；学习基础一般，缺乏学习动力与目标，成绩中下；虽是班干部，但也是扰乱课堂之领袖人物。我还了解到，阿朋是独生子，父母为一般务工人员，家庭经济状况一般，母亲的教育对其影响比较大。

阿朋最引以为豪的身份是“六人帮”的“大哥大”，因为我早早意识到了这个非正式小团体的存在，所以任命他为副班长，想通过一官半职“收买”他，看来我的如意算盘似乎打错了。深夜，我思绪万千，把他撤换掉，再给他和“六人帮”点颜色看看？可是，考虑到他在班中有无可比拟的号召力，如果副班长这个职务都没了，爱面子的他很可能从此与我为敌，带领一班同学更加放肆。冷落他？我在他心目中根本没地位，冷落不会对他有任何触动。找家长？他们这些孩子早已经是见惯了找家长的，不会有效果的，而且我还会因为这么快就找外援而在他们面前失去了威信。我辗转反侧，不能入眠，该怎么办呢？其实冷静地分析，他虽顶撞老师，但说的却是真心话，追根溯源，这种未战先怯的心态是职校生的自卑心理和懒惰习性造成的。阿朋虽有这样那样的毛病，但也有闪亮的一面，不如从他的特长入手来感化他。“擒贼先擒王”，只要能转化他，“六人帮”乃至整个班级的精神面貌就会有很大改观。“请将不如激将”，我心里渐渐有了主意。

第二天上课时，我大力表扬阿朋：“同学们，我们的副班长是体育高手，听说以前还是校体育队的成员，曾拿过镇比赛第三名。我相信他绝对有能力带领我们班拿体育类的大奖，有他这样的人才，我本来对我们班广播操比赛拿奖是非常有信心的。不过，我也是一个非常尊重民意的人，如是大家都不想练操，那就不练，不拿奖也没关系。可如果我们班的成绩总在倒数五名之列，那可就太没面子了。阿朋班长，你说呢?”接着，我马上开始讲课，没给他们任何讨论的机会。当天，有的班级开始练操了；后来，更多的班级也加入进来。班上的议论声渐渐多了，甚至有人坐不住了，问我是不是真的不练，我却总是岔开话题。最后就剩我们班没动静了，我仍是泰然处之。在这期间，我分别找了“六人帮”的其余五个人，旁敲侧击地打听阿朋以前的“辉煌历史”，对他的能力大加赞赏，当然每次谈话的结尾我总会唉声叹气，说：“好可惜，有这样的人才，我们班的广播操却要拿倒数，太没面子了!”五天后，事情终于出现了转机，阿朋主动来找我，说想从今天开始练操。我平静地说：“练操可以，但你要当领操。”他说：“没问题。”那一刻，我高兴极了，因为我看到了胜利的曙光。接下来要做的更多，班会课想尽办法激发孩子们的斗志；分析男生班拿奖的优势和概率，并向他们展示上次比赛的成绩，原来男生班在前五名里竟然占了三名；播放以前的比赛视频，让他们给第一名的找缺点，孩子们发现第一名原来也有那么多不足，似乎我们努力点也不会比他们差。理智的分析和感性的激励让孩子们有了信心，阿朋也若有所思。放学后，我和孩子们一起练操，分批指导，个个过关。对阿朋，我更是把他表扬到天上，说他是有领导力的同学，那五个最有个性的同学他都能搞定，其他同学更不在话下；说体育强的同学往往做事都很积极，在他的带领下，我们班的训练非常不错等。我的赞扬绝对真诚，因为阿朋主动请缨担任领操后，确实非常负责，这也让我对他的印象有了很大的改观。比赛前一天，我大胆预测我们班能进前三，有的同学还是觉得可笑，不过这次阿朋却没有再泼我的冷水，看我的眼神也变得柔和了许多。"功夫不负有心人"，我们班在比赛中竟然获得了全校第二。结果宣布的那一刻，孩子们高兴得跳起来，成功的喜悦从赛场一直延续到课室。当我正打算大力地表扬他们时，阿朋却突然站起身来，红着脸，严肃但诚恳地说了一声："老师，对不起，我错了!"他的声音还是那么具有穿透力，不过这一次不是刺入我的耳朵，而是温暖了我的心……

课后我又找阿朋聊了聊，再一次充分肯定了他的表现，并对他的努力付出表示感谢，还主动与他握手，问他是否愿意把老师当朋友。他响亮而干脆地回答："愿意!"

从此，我成了阿朋的"重要他人"，他虽然偶尔还是会犯错，却非常听我的话，他试着慢慢改变自己、完善自己。高二班会课比赛，他做主持人，我们班拿了全校第一名。高二他做团支书，在他的领导下，我们班被评为优秀团支部。"六人帮"的友谊还是那么的坚固，但在阿朋这个领袖的带领下，他们的进步非常明显，从爱与老师作对的顽皮学生变成了主动与老师亲近、愿意帮老师做事的积极分子，高三时更有三名同学选择了读升大班，最终都顺利考上了大学。阿朋虽然没有升读大学，但三年的班干部锻炼让他变得自信和成熟。他对自己的职业生涯作了很好的规划：毕业后前五年确定事业方向，五年后自己创业。现在的阿朋，在一家钢材公司做销售工作，他工作认真踏实，业绩突出，老板、同事和客户对他的评价都非常高，去年他还被评为公司的优秀员工。

《孙子兵法》有言："攻心为上，攻城为下。"心灵的改变，绝不是教师高压征服的结果，而应该是学生自己体验、自己感悟的过程。我们教师要做的，就是让自己智慧起来，在关键的时机使一点巧力，帮学生前行的航船纠正方向，让他们驶向光明美好的前方。

中职的孩子百分百有追求卓越的能力，只是很多人不懂得方法。我们教师有很多很多可以让孩子们变优秀的方法，可是往往我们苦口婆心地教育他们，他们却不接受。这是因为，我们还没有成为他们的"重要他人"，高中阶段的孩子最喜欢听朋友的话，因为朋友在他们心中最重要。找准机会成为他们的朋友吧，只有这样，我们教师的建议他们才会愿意接受，我们教师才有可能真正成为他们的"人生导师"。

48 三分教育，七分等待

李艳飞

2012年是我踏上工作岗位的第二个年头，刚刚适应了三尺讲台，就被推向了班主任这一前沿岗位，从此过着“十万火急”、“如火如荼”的消防员般的生活。班上每天都上演着不同风格、不同版本的生活片、动作片，甚至是悬疑片，这也让我有幸结识了一批可爱、调皮又有点叛逆的孩子。他们中有这么一个孩子，让我懂得了倾听、沟通的教育作用。

小范同学，因为初一就染上了烟瘾，到高中之后更是有增无减，故在班上被同学戏称为“小烟鬼”（下文都统一称呼小范同学为“小烟鬼”）。说实在的，“小烟鬼”在学习上还是不错的，他的成绩始终可以保持在班上前十名。可是，作为班主任的我从来都没有对他放心过，而他也从来没有让我省心过。

高一住宿的头几个晚上，上晚自习他总是迟到，走进课室时还飘过一阵浓浓的烟味。当时我差点发火，但考虑到初次接触不要把气氛搞得太僵就忍了过去。随着后来在课堂上对他的观察，发现他上课的态度也存在很大的问题，睡觉、插嘴、顶嘴、油嘴滑舌是其主要的标志特征。对于清洁工作他也极其不负责任，不仅仅自己的区域分工做不好，还有乱丢乱扔的坏习惯。尽管这样，我还是没有对他“出手”，我想再给他机会，再观察一下。

一、沟通心灵 建立情感

直到有一个周末的晚上，他在QQ上主动找我谈话，我才发现原来他存在问题的原因并没有那么简单。“小烟鬼”其实心里很自卑，一直活在深深的内疚中。他之所以抽烟，是因为在很小的时候，一次意外导致他的弟弟永远地离开了他，也正因为他才导致弟弟的离去，所以他内心深处有着永远无法磨灭的阴影和驱不走的内疚。因为那时候太小不懂事，造成无法挽回的损失后，他很痛苦，不能释怀也无法同人沟通，只能选择用抽烟来麻痹自己。然而他以前的班主任并不知道是他家中发生了变故才导致他无法用心学习，反而对他只有批评和惩罚，使得他变得越发叛逆，成绩也一落千丈。当我得知这些事情的时候，我也不知道该怎么安慰他、鼓励他。我庆幸的是当我发现他满身烟味、满是缺点的时候并没有对他进行责骂和批评，而是选择了沉默和观察，所以才有了 QQ 上这番推心置腹的交流。

有时候，作为老师不单单要做好一个传道授业者，更多的还要做一个优秀的倾听者。当我们倾听完故事之后就可以对症下药，开导学生并帮助他们改变陋习，而做到这些的第一步就是帮助他走出自卑。俗话说：分分分，学生的命根；考考考，老师的法宝。我鼓励他认真学习，用分数说话，做一个考试小霸王。一开始他不愿意，但听了我当场编的一个关于高分男成功的故事，他倒是愿意试一试。谈到最后，他还主动地跟我保证不再在学校抽烟，而且决心要戒烟，做一个成绩优异、能为班级出力的优秀的男生。

二、按兵不动 继续等待

数月之后，事情顺利发展，从表面看如我所愿，他学习进步了，心情也愉快了。可是，突然有一天德育处打来电话让我去一趟，才得知原来是他在宿舍厕所里抽烟被抓到。由于其行为严重影响了学校住宿生的生活环境，德育处给他记了个大过。从德育处出来，我没有责怪他，只是用轻微的声音告诉他："你是学生，就不能抽烟。不管是出于什么原因都不能在学校抽烟。只要在学校抽过烟，总有一天会被曝光，要想人不知，除非己莫为。"他也只是沉默不语，或许他认识到自己真的错了，但是改起来真的好难好难，总是反反复复、出尔反尔。

消防员在一个地方救一次火，估计也得休息一段时间后才会碰到第二场火灾。我这个班主任"消防员"每救一次火却不敢奢望保持太久，说不定一转身又有事情发生。果然，第二天早上，打开校园信息系统，一条条投诉信息映入眼帘。"小烟鬼"和另外两位男生夜深了还不回宿舍休息，被德育处老师抓获。这一次，气恼、伤心一拥而至，我几乎想要放弃他。德育处最终的处理结果是给他记了一个大过处分，"小烟鬼"在短时间里迅速升级为班里"最黑最牛"的"大过人"。每当我们班因为他抽烟、记过被扣分而拿不到星级班级的时候，我甚至想放弃他，但是最终还是没有那样做，总是不停地告诉自己"小烟鬼"总有一天会懂事、会明白老师的良苦用心。再等等吧，等他懂事。

三、耐心等待 绝处逢生

就这样，等待他成长的日子一天天过去了，"小烟鬼"也一如既往地偶尔不交作业、偶尔迟到、偶尔不清洁，成了这个班级当中最让我操心的人，也许他早已经把当初的承诺抛之脑后了。高二的某一天，机缘巧合，我打开自己的 QQ 空间，发现"好友生日"那里提示我有人即将过生日，原来"小烟鬼"明天就要过生日了。随后我看见了“小烟鬼”更新的心情：“有谁能给我第一声祝福?”我想一个曾经因为失去亲人久久无法摆脱内疚的孩子可能真的很需要温暖和关心，我就特意守在电脑旁边等待零点的到来，想在线跟他说一声“生日快乐”。当我强忍着睡意等到零点，主动为他送上自制的电子贺卡并亲口说出“生日快乐”的时候，他十分惊讶和感动，心里暖暖地入睡了。

就这样，“小烟鬼”的改变也随着那一声祝福悄然来到我的身边。他连续几次考试获得全班前五名，还主动给我发了小他15岁的弟弟的照片，我感觉到他变得阳光了，他已经不像以前那样活在失去亲人的阴影里。他的心灵在复苏，他终于懂事了，也懂得了老师的良苦用心。

如今的他可以看到眼前可爱调皮的弟弟就是以前那个弟弟的再生，失去的永远失去了，要做的是珍惜现在。如今的他很能理解老师、感恩老师，教师节那天他主动送我礼物，在我过生日时还鼓起勇气给我唱生日歌。在班上其他学生因为意见不合反对老师时他总是挺身而出，为老师打抱不平。记得有一次因为放寒假，学校要为突如其来的春季班招考布置考场，我们班的教室要作为临时考场，那么多的书和座椅，多亏他主动邀一帮男生回校帮助我布置考场。考场布置完毕时，为了表示感谢，我邀请他们吃饭，他却说：“老师，不用了，您上一节课才那么少课时费，那么辛苦就不用了，我们做这些都是应该的，不需要感谢我们。”当时，我听了那些话，感动得眼泪都快掉下来了，真的发现我的学生在一点点地改变，我的良苦用心没有白费。

有人曾说：“教育是一个慢过程，不仅仅需要教育更需要等待。”在我一点点的教育和无限的等待中，“小烟鬼”在一天天地成长、进步，一跃成为我们班的语文科代表。在去年的学校趣味运动会上还积极主动地担任了“十人十一足”项目的组长，并且在比赛中获得了第一名的骄人成绩。进入高二下学期以来，“小烟鬼”还积极主动地参加了全国英语等级考试和全国计算机等级考试，全部顺利通过，并获得了相关证书。在学习方面他也很优秀，获得了期中考试全班第三名、期末考试年级第十名的好成绩。

作为老师，我真心觉得我可以教给孩子们的并不多，其实也不需要我教给他们多少书本的知识，毕竟来到陈登的学生最需要的不是书本的知识而是心灵的导师。我作为一个新班主任，虽“不思进取”，但又很有追求，希望我的学生健康、快乐地成长，做一个讨人喜爱的孝顺孩子。“小烟鬼”就是这样一个孩子，如今变得孝顺、感恩。在我的班里还有很多像“小烟鬼”这样的“坏孩子”，他们叛逆、折腾，但是内心善良，可以通过教育变好。对于这些可恨又可爱的孩子们，老师一次次用心教育之后，更多的还是耐心等待，要相信我们的孩子是可以感化和教育的。正所谓“三分教育，七分等待”。

做老师尽管苦点、累点，但是我们真正快乐着、收获着，等待着。

49 闯祸学生成了我的得意门生

陈燕丽

2014 年 11 月 28 日下午，学校运动场上正进行着激动人心的 4 × 100 米接力赛，突然我的手机响了起来，一直在持续地响着，正急切地盼望我能接通："你好！班主任，还记得我吗？"我心里"咯噔"了一下，好熟悉的声音啊，我的脑子在高速运转。回忆的同时，嘴里蹦出一连串的问题："你回来了？真的吗？在哪？"我心里乐开了花，好巧啊，偏偏是这个时间，偏偏又是运动会，真是太巧了，眨眼间已经两年不见了，你好，阿豪！

那年，我所带的班级对即将到来的校运会入场式的表演一筹莫展。此时阿豪打电话告诉我，一个月后他就要当兵了，还关心地询问我最近在忙些什么。当得知我们正准备排舞，但不知如何设计具体舞步时，阿豪自告奋勇地要帮我忙，我当然乐意接受。一连几周，阿豪在忙着准备入伍之余，在家编排舞蹈及截取好舞曲，抽空回校在课室里教我的学生跳舞。一个动作一个动作地分解，一遍一遍地带舞，逐个学生逐个学生地指导，让我的学生很快能够掌握好每一个动作，跟得上音乐节奏。本来很冷的天气也变得暖和起来了，每个人都跳得满头大汗，就是为了能赶在阿豪入伍前学会舞蹈，赶在校运会前练好舞步。谢谢你，阿豪！

曾经的阿豪

阿豪，人如其名，为人善良、豪爽，性格开朗，广交好友，兴趣多样，终日不得闲。他坚持己见，做事有自己的原则。但他一开始在学校里是个不折不扣的"闲人"：懒得动脑，无精打采，整日昏睡不醒；懒得动笔，迟交作业；懒于清洁，不愿按时上学，他自嘲为"上课一条虫，下课一条龙"。

虽不是很大的问题，但阿豪的这些课堂表现每天重演，科任老师不胜其烦，纷纷向我投诉其"恶行"。作为班主任的我也开始没耐心了，因为月末的班级学风评比我们又是全校倒数，生活老师也来"告状"，说他的那个宿舍脏乱不堪，还有人抽烟。这一切让我忧心忡忡，不能让这颗"老鼠屎"继续坏了我们这锅"粥"。除了谈心、做思想工作外，我也与他妈妈通了电话，希望学校和家庭真的能形成一股合力，让阿豪的课堂表现有所改善。同时我也在一直寻找最佳的方式来改变他。

阿豪爱运动、爱跳街舞、爱上网、爱玩，课余生活很精彩，在课堂上成为“睡神”一点都不奇怪，他还常借助课堂上老师的“催眠曲”补充睡眠呢。见他既然那么爱闹腾，我就推荐他去学校的街舞社团。阿豪很高兴地参加了街舞社，后又被舞蹈老师发掘，加入了学校舞蹈队，正值比赛季，他自然天天在训练中度过了。这样，阿豪就如我所愿的很少出现在我眼前了。

可好景不长，德育处的主任找到我，告知我阿豪在网络上散布谣言，对学校不利，他的帖子下面有很多跟帖。我看了也很生气。最后学校领导给了指示，一要他立即删帖，二要给他记大过并通知家长，三要扣班级分并在全校作通报批评。此事好不容易熬过去了，阿豪再次见到我时便有意躲闪着我的目光。

学校舞蹈队结束比赛后，阿豪又回到了课室，刚开始几天还硬撑着脖子，尽量在课桌上不趴着睡，可一向多动的他觉得上课实在是无聊透顶，于是向我自荐去参加学校龙舟队，省得坐在课室里老被扣分，连累班级，连累班主任。听着他这番话，我有所触动，心里想着他可能由于之前的事有点内疚了。看着他固执的样子，我只能点头赞成。这样，上午他就努力着、强忍着不睡觉，老实地呆坐在课堂上，下午他就到学校龙舟基地训练。慢慢地，我发现阿豪的皮肤一天一天变黑了，但也变得精神了，强壮了不少。很快，捷报传来，因为这支少年龙舟队取得了很好的名次，在学校大会、展览板、学校网站上都能看到阿豪阳光般的灿烂笑容。我也发短信恭喜他，为他的努力而感到由衷的高兴。可有天早读课时，体育老师找到我，说阿豪带头闹事，搞得我一时糊涂了。原来是由于对龙舟队的训练有意见，阿豪拒绝继续参加龙舟训练，使得接下来的比赛人手不足。体育老师三番五次还是无法做通阿豪的思想工作，但比赛又迫在眉睫，学校给出的指示是如果阿豪还是一意孤行，又不参加比赛，将扣押他的毕业证。但阿豪依然不为所动。没办法，最后又是由我出面解决，因为事关学校大事。正因这件大事，阿豪又坐在了我的面前。

看到又有事情要麻烦到我，阿豪在我面前早已没了坚持的气势。我也没批评他，只是对他敞开了心扉，像对待朋友似的和他聊着我们这个班级，聊着这一年半的时间我是如何带班的、如何走过来的。在我有能力为班级、为我的学生做一些事情的时候，我会义无反顾地、不计报酬地、问心无愧地去做，努力地去做、并始终坚持着！因为，我一直坚信，只有经历过了，才知道当时自己的选择是对的。可能已很久没和他像这样面对面地坐着了，也可能是我的话真的对他产生了少许的触动，之后阿豪又回到了龙舟基地。

2011 年 11 月，校运会又到了，校园艺术节也拉开了帷幕。这可是阿豪在校的最后一次运动会和艺术节表演时间了，他对我说："班主任，希望我能将功补过。"我还没有明白过来是怎么回事的时候，阿豪和几个同学一起送给了我们全班一个非常震撼的运动会入场式表演《三狮会演》，并获得了开幕式"最具创意奖"。紧接着，阿豪又马不停蹄地组建舞蹈班子，利用放学后的时间排舞，自编自导地策划着艺术节舞蹈节目的比赛。直到初赛前阿豪才邀请我去观看，这让我惊讶不已。惊讶于他的保密工作做得非常好，我一直以为到高三了我们班没人愿意参加艺术节了；惊讶于他超强的组织能力，能成功劝说从不跳舞的同学加入他的行列；惊讶于他的慷慨及主动，不用我浪费半分口舌，只让我好好坐着欣赏，等着领奖。这个舞蹈，使得我们班荣获了艺术节表演才艺大赛一等奖，赢得了来自全校师生的阵阵热烈掌声。阿豪！老师为你感到无比的自豪！此刻我也终于明白了他当初所言的"将功补过"！

此时的阿豪

一个熟悉的面容远远地出现在我的面前，还是那样的阳光、健壮，他微笑着向我走来了。

"班主任，我回来啦！昨天刚到，就想着回学校看看。"

"恭喜你凯旋！回来得正好，你的师弟师妹正比着赛呢。"

之后我们相约吃饭，一是庆祝他光荣退伍，二是感谢当年阿豪教师弟师妹跳舞，让我们商贸班获得校运会入场式"最佳创意奖"。当然，在此期间阿豪也分享了他的军营生活。我平时只是偶尔看看他放在 QQ 空间的照片，但从未那么真切地感受到他的成长，感受到他作为一名军人的正气及刻苦训练带来的气质上的变化。在部队的生活是辛苦的，做什么事情都是一致的、规定好时间的，你必须完全服从，必须听从指挥，必须看报学习，必须写汇报总结，必须努力将自己的体能训练到最佳状态，只为了等待随时出发的命令。部队里没有多余的属于自己的时间，只能拼命让自己做到最好。

阿豪，你做到了，你是最优秀的！看到你身上戴着的大红花、接受着上级颁奖的照片时，我由衷地为你感到高兴，恭喜你获得了"优秀士兵"称号！这将是你人生领奖的开始，是你事业、爱情、美好人生的起步，我会一直默默地祝福你，为你加油，我的得意门生——阿豪！

50 特别的爱给特别的你

黄 静

教师爱学生，既是责任，也是义务。教育学家巴特尔曾说："教师的爱是滴滴甘露，即使枯萎的心灵也能苏醒；教师的爱是融融春风，即使冰冻了的感情也会消融。"我校施行了多年的"成才百分百"教育理念，使我们明白，对学生的爱要持之以恒，这是每个教师不可推卸的责任。只有真正解开孩子的心结，走进孩子的心里，才能因材施教，让每个学生发挥所长，健康地成长。

随着时代的变迁，我们的生活水平在不断提高，一些不稳定的因素在与日俱增。一场婚姻破裂的背后，孩子往往成了最大的受害者，父母爱的缺失给他们带来了一些负面的影响，他们主要表现为性格孤僻、性情浮躁、情绪低落，有些甚至还出现心理变态，从而自甘堕落，严重地影响了青少年身心的健康发展。

小丽（化名），父母离异，由外公外婆抚养。初中因旷课、打架、谈恋爱、经常顶撞老师而"赫赫有名"。在职校的"特别关注"中，她的名字赫然在列。

9 月的第一天，高一的学生已经整整齐齐地坐在课室里，他们对这个陌生的环境充满着好奇，四处打量着这个全新的校园以及周围的新同学们。人群中，小丽忧郁冷淡的眼神显得与这个新环境格格不入，她冷冷地观察着周围的一切，不和任何同学打交道，孤独地坐在自己的位子上，既不说话，也没有任何表情。看了她的表现，回到办公室，我赶紧查了小丽的资料，发现初中时她果然是个问题学生，并且还"赫赫有名"。我当机立断，决定要尽快了解这个孩子的家庭状况。按照资料上的号码，我打通了她爸爸的电话，表明了想去他家家访的意愿。出乎我意料的是，她爸爸委婉地拒绝了我，原因是他早已与小丽的妈妈离婚，小丽归妈妈抚养，他已经有了新的家庭，不方便接待我。那为什么资料上没有她妈妈的电话呢？我心里打了一个大大的问号。电话那头的爸爸似乎意识到了什么，吞吞吐吐地说小丽妈妈因为贪污在监狱里服刑，小丽一直是由年迈的外公外婆抚养，如果我想了解情况，可以找她的外公外婆。原来，小丽的身后居然隐藏着这么复杂的家事，这个孩子，真是让人心酸……

鲁迅先生说过："教育是根植于爱的。"对于这个常年缺爱的孩子，爱显得尤为重要。我对这个特别的孩子也开始特别关照起来。上课经常喊她回答问题，并且不遗余力地表扬她。对于住校的她，我也经常嘘寒问暖，并让她担任寝室长的职务，这样她就会主动和宿舍的人沟通交流。由于初中长期旷课，小丽的成绩很差，考试得到个位数的分数的情况也屡见不鲜。一开始，她并不在意，对我的关心也经常视而不见，总是摆着一副冷冷的面孔。可是随着我不断地对她施以关注和关心，她也开始慢慢在意起自己的成绩来，从上课的走神、游离、发呆，到认真听课做笔记。高二的时候，小丽的成绩已经爬到了班上的中下等水平了。我从心底为她高兴，看着她眼睛变得有神，脸上慢慢浮出微笑，我也感到很欣慰。

高二某星期一，已经上午 10 点多了，小丽的座位还是空荡荡的。手机关机，年迈的外公外婆也不知她的行踪，除了着急、心痛，我也没有别的办法。这个正在进步、正让我看到希望的孩子，难道老毛病又犯了？这一天我不停地拨打她的电话，但始终打不通。第二天上午 10 点多，小丽的电话终于接通了。"你去哪里了？你知不知道全世界都在找你？你外公外婆都急疯了……"我在电话这头咆哮道，那头却是沉默。"快回来吧，老师很担心你！"冷静下来的我，说完最后一句，挂上了电话。我决定赌一把，不多过问，相信这个孩子如果有良心的话，一定会第一时间回来的。一个小时后，正好是我在上课，小丽满脸疲倦地出现在课室门口，脸色沉重，一言不发。我心里的一块石头落地了，这孩子总算安全回来了，我也如释重负。"回座位吧！"我只轻轻地说了一句，就继续上课。其余的同学都很惊讶，平时不依不饶的班主任怎么就这么轻而易举地就放过了旷课一天的小丽呢？我其实是在等小丽主动来找我说明情况，这一年多我对她的关心、对她的关爱应该会让她明白，她虽然没有父母的关怀，但这个世界其实还是有很多人在乎她的，有她白发苍苍的外公外婆，还有我。

中午吃完午饭，我正准备午休，小丽出现在我的办公室门口。

"进来吧！"

"老师，我这个星期负责课室的卫生吧。"

"哦，为什么呢？"

"我昨天没和您打招呼就没来上学，我旷课了。"

"嗯，但是我更想知道你为什么不来，有什么原因。"

原来，小丽一直在谈恋爱，由于常年缺失关爱，她觉得男朋友可以给她温暖和依赖，可现在，不仅父母的爱没有了，连男朋友也离她而去，小丽觉得自己的世界天昏地暗。眼前的小丽，情绪低落到了极点，甚至有了退学的念头。这个孩子又一次被抛弃了。那天中午我们谈了很久，我既没有责怪她谈恋爱，也没有说谈恋爱对中学生有什么危害之类的话，我们就像互相信任的好朋友一样，谈了很多，包括她的家庭、她的过去、她的恋爱经历等。她也直言不讳地承认她前一天都在男朋友那里，目的是想挽回和男朋友的感情。说到这里，她不停地哭泣，眼泪不停地往下掉，我不禁对这个孩子充满了同情，她的成长路上太缺失爱了，以至于对那个小混混男朋友那么虚幻、那么不诚实的爱，她也那么在乎。与其说这个孩子学坏，倒不如说这个孩子十分渴望爱，包括亲人的爱、老师的爱、朋友的爱。我摸着她的头，帮她擦干眼泪，要她多想想她还在监狱里的妈妈，妈妈虽然管不到她，但是心里始终还是牵挂她的，以后妈妈出来是要和她相依为命的。把自己的精神寄托在别人的身上倒不如靠自己活着来得真实。这果然是她的软肋，也是她心里最温暖、最柔软的地方，她也向我保证，为了她的妈妈，自己会回到学习的正轨上面来，不让家人担心。

这次谈话后，小丽的态度来了一个一百八十度的大转弯，她积极向上，上课也很认真，还主动要求换座位坐到离讲台最近的位置。看到她的转变，我表面很平静，但是心里还是非常欣慰的。高二的下学期，小丽偷偷地告诉我说：她准备报考学校的升大班，希望将来有机会成为一名大学生。我看她入学时的倒数成绩，不禁有些担忧，但还是鼓励她，毕竟怀着希望总是件好事，我喜欢看她努力、看她充满希望的样子。

时光如梭，一下子便到了期末，升大班入学考试也如约而至。出成绩的那天，小丽不敢自己去看，她跑来找我：“老师，您帮我去查一下成绩吧，考上了就发信息告诉我，没有考上就不要发信息给我。”原来她是那么在乎成绩的，原来她也是很上进的。努力的孩子始终会有回报，她考上了。

她如愿进了升大班学习，偶尔我们在校园相遇，她会像邻家女孩一样说着自己现在的学习情况，还会问我想不想她，得到否定回答后又会撒娇地说：“老师您撒谎，高一高二您对我最好，怎么可能不想我……您把最特别的爱给了最特别的我不是吗?”原来她都懂的！这种感觉真好，很舒心，很温暖。最特别的小丽，其实你也很棒！

现在的小丽在升大班为了考大学忙碌而紧张地学习着，相信这个女孩一定会越走越远，会飞得越来越高。在学生成长的路上，老师多关心学生一点，学生就会多一点看到自己成功的希望。因此，成功教育尤其重要，“成才百分百”理念是我校的立校之本。我希望可以做他们的良师益友，和他们一起携手前进，共同成长！

图书在版编目（CIP）数据

出彩中职生：“百分百”教育理念下的学生成才故事/梁泽洪主编．—广州：暨南大学出版社，2015.12

ISBN 978－7－5668－1591－0

Ⅰ．①出…　Ⅱ．①梁…　Ⅲ．①中等专业学校—人才培养—研究—顺德区　Ⅳ．①G719.21

中国版本图书馆CIP数据核字（2015）第190172号

出版发行：暨南大学出版社

地　址：中国广州暨南大学
电　话：总编室（8620）85221601
营销部（8620）85225284　85228291　85228292（邮购）
传　真：（8620）85221583（办公室）　85223774（营销部）
邮　编：510630
网　址：http：//www.jnupress.com　http：//press.jnu.edu.cn

排　版：广州联图广告有限公司
印　刷：佛山市浩文彩色印刷有限公司

开　本：787mm×960mm　1/16
印　张：13
字　数：252千
版　次：2015年12月第1版
印　次：2015年12月第1次

定　价：33.00元